U0052734

世界哲學家叢書

別爾嘉耶夫

雷 永 生 著

1998

東大圖書公司印行

國家圖書館出版品預行編目資料

別爾嘉耶夫／雷永生著. --初版. --臺
北市：東大，民87
　　面；　公分. --(世界哲學家叢書)
參考書目：面
含索引
ISBN 957-19-2226-9（精裝）
ISBN 957-19-2227-7（平裝）

1. 別爾嘉耶夫(Berdiaev, Nikolai,
　　1874-1948)-學術思想-哲學

149.462　　　　　　　　　87005905

網際網路位址　http://www.sanmin.com.tw

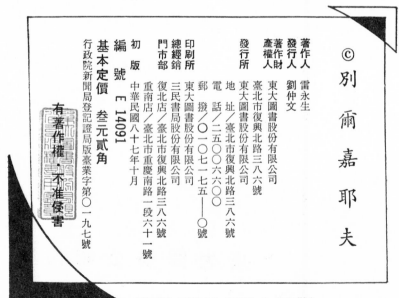

ⓒ 別爾嘉耶夫

著作人　雷永生
發行人　劉仲文
產著作財
權人
發行所　東大圖書股份有限公司
　　　　臺北市復興北路三八六號
　　　　地址／臺北市復興北路三八六號
　　　　電話／二五○○六六○○
　　　　郵撥／○一○七一七五─○號
印刷所　東大圖書股份有限公司
總經銷　三民書局股份有限公司
門市部　復北店／臺北市復興北路三八六號
　　　　重南店／臺北市重慶南路一段六十一號
初版　　中華民國八十七年十月
編號　　E 14091
基本定價　叁元貳角
行政院新聞局登記證局版臺業字第○一九七號

有著作權‧不准侵害

ISBN 957-19-2227-7（平裝）

「世界哲學家叢書」總序

　　本叢書的出版計畫原先出於三民書局董事長劉振強先生多年來的構想，曾先向政通提出，並希望我們兩人共同負責主編工作。一九八四年二月底，偉勳應邀訪問香港中文大學哲學系，三月中旬順道來臺，即與政通拜訪劉先生，在三民書局二樓辦公室商談有關叢書出版的初步計畫。我們十分贊同劉先生的構想，認為此套叢書（預計百冊以上）如能順利完成，當是學術文化出版事業的一大創舉與突破，也就當場答應劉先生的誠懇邀請，共同擔任叢書主編。兩人私下也為叢書的計畫討論多次，擬定了「撰稿細則」，以求各書可循的統一規格，尤其在內容上特別要求各書必須包括（1）原哲學思想家的生平；（2）時代背景與社會環境；（3）思想傳承與改造；（4）思想特徵及其獨創性；（5）歷史地位；（6）對後世的影響（包括歷代對他的評價），以及（7）思想的現代意義。

　　作為叢書主編，我們都了解到，以目前極有限的財源、人力與時間，要去完成多達三、四百冊的大規模而齊全的叢書，根本是不可能的事。光就人力一點來說，少數教授學者由於個人的某些困難（如筆債太多之類），不克參加；因此我們曾對較有餘力的簽約作者，暗示過繼續邀請他們多撰一兩本書的可能性。遺憾的是，此刻在政治上整個中國仍然處於「一分為二」的艱苦狀態，加上馬列教

條的種種限制，我們不可能邀請大陸學者參與撰寫工作。不過到目前為止，我們已經獲得八十位以上海內外的學者精英全力支持，包括臺灣、香港、新加坡、澳洲、美國、西德與加拿大七個地區；難得的是，更包括了日本與大韓民國好多位名流學者加入叢書作者的陣容，增加不少叢書的國際光彩。韓國的國際退溪學會也在定期月刊《退溪學界消息》鄭重推薦叢書兩次，我們藉此機會表示謝意。

原則上，本叢書應該包括古今中外所有著名的哲學思想家，但是除了財源問題之外也有人才不足的實際困難。就西方哲學來說，一大半作者的專長與興趣都集中在現代哲學部門，反映著我們在近代哲學的專門人才不太充足。再就東方哲學而言，印度哲學部門很難找到適當的專家與作者；至於貫穿整個亞洲思想文化的佛教部門，在中、韓兩國的佛教思想家方面雖有十位左右的作者參加，日本佛教與印度佛教方面卻仍近乎空白。人才與作者最多的是在儒家思想家這個部門，包括中、韓、日三國的儒學發展在內，最能令人滿意。總之，我們尋找叢書作者所遭遇到的這些困難，對於我們有一學術研究的重要啟示（或不如說是警號）：我們在印度思想、日本佛教以及西方哲學方面至今仍無高度的研究成果，我們必須早日設法彌補這些方面的人才缺失，以便提高我們的學術水平。相比之下，鄰邦日本一百多年來已造就了東西方哲學幾乎每一部門的專家學者，足資借鏡，有待我們迎頭趕上。

以儒、道、佛三家為主的中國哲學，可以說是傳統中國思想與文化的本有根基，有待我們經過一番批判的繼承與創造的發展，重新提高它在世界哲學應有的地位。為了解決此一時代課題，我們實有必要重新比較中國哲學與（包括西方與日、韓、印等東方國家在內的）外國哲學的優劣長短，從中設法開闢一條合乎未來中國所需

求的哲學理路。我們衷心盼望，本叢書將有助於讀者對此時代課題的深切關注與反思，且有助於中外哲學之間更進一步的交流與會通。

最後，我們應該強調，中國目前雖仍處於「一分為二」的政治局面，但是海峽兩岸的每一知識分子都應具有「文化中國」的共識共認，為了祖國傳統思想與文化的繼往開來承擔一分責任，這也是我們主編「世界哲學家叢書」的一大旨趣。

傅偉勳　韋政通

一九八六年五月四日

自 序

　　寫作這本書，我一直感到是自己應盡的責任。這些年，我閱讀了尼·阿·別爾嘉耶夫(Н. А. Бердяев, N. A. Berdyaev, 1874—1948)的許多著作和傳記，深深地為他的人格和學說所吸引，也為他的坎坷一生而感嘆。在世界思想史上，別爾嘉耶夫無疑應佔有一席之地。然而在華語世界，由於種種原因，對他還知之甚少。這些年，我發表了一些文章介紹他的思想，引起不少讀者的興趣；我還翻譯了他的《俄羅斯思想》、《自我認識》等著作，但仍不能達到全面系統地評價他的生平與理論的目的。感謝傅偉勳、韋政通二位先生給了我這個機會，使我的願望得以實現。

　　別爾嘉耶夫，這是一個畢生追求真理，追求精神自由，但又歷盡苦難，受盡精神折磨的俄國哲學家。1917年革命後，由於堅持自己的信念而從自己的祖國被趕了出來，在異國他鄉飄泊了26年，最後客死法國。儘管他在歐美得到了很多榮譽，但使他一直苦惱的是被祖國所遺忘。在前蘇聯，除了某些大人物在個別文章中偶爾厭惡地提過他以外，所有的報刊書籍都絕口不提這位對人類思想作出巨大貢獻的哲學家的名字。第二次世界大戰後，他曾想返回戰勝了德國法西斯的祖國，但由於一些持不同政見的知識分子遭到迫害，他不得不打消返鄉的念頭。

　　人世滄桑，變化莫測。在社會主義國家的改革潮流中，別爾嘉耶夫在其祖國的命運發生了戲劇性的變化。從20世紀70年代起，他原在國外出版的著作、發表的論文被蘇聯的出版社和報刊競相出版和刊載，一些作者認為他是俄國本世紀僅有的少數真正的哲學家之一。蘇聯解體後，俄羅斯及獨聯體的一些國家仍在持續地重新發表他過去的論著，他的作品成為學界研究的熱點之一，大多數研究者都把他的精神產品視為俄羅斯思想寶庫中的珍貴遺產。

　　歷史是公正的，精深的哲學不會被丟棄，真正的哲學家也不應被遺忘。在尼·阿·別爾嘉耶夫逝世50週年之際，我謹獻上這本小書，以資紀念。

雷永生

一九九八年六月四日

別爾嘉耶夫

目　次

第一章　貴族世家的孤傲少年

一、特別的家庭

　　尼古拉‧阿列克賽洛維奇‧別爾嘉耶夫1874年3月6日生於基輔。他的家庭屬於俄國的文明貴族階層。

　　從父系來說，他的先輩幾乎都是立有戰功、地位顯赫的高層軍官——將軍和獲得過喬治十字勳章的軍人。他的祖父是頓河軍的長官，戰功卓著。當他還是一個近衛重騎兵團的年輕中尉時，就曾在1814年的庫利茅斯克戰役中，率軍打敗了拿破崙的軍隊：戰爭開始時，法國軍隊曾經戰勝了俄國和德國的軍隊，當時他所在的俄國部隊的指揮部，從將軍到低級軍官幾乎都陣亡了，俄軍面臨全軍覆沒的危險。這時在總指揮部任職的他挺身而出，指揮部隊奮勇抵抗，並轉入反攻。法國人以為敵軍得到了增援，於是軍心動搖，向後潰敗。由於這次戰功，他獲得了喬治十字勳章和普魯士鐵十字勳章。後來，別爾嘉耶夫的父親常向兒子誇耀說：「你祖父戰勝了拿破崙！」還說他對士兵非常好，是一個很講人道的將軍。這在以野蠻紀律著稱的沙皇軍隊中是非常罕見的。

　　與先輩相比，別爾嘉耶夫的父親在軍隊服役時間較短。他也曾

是近衛重騎兵團的軍官，退役後定居於第聶伯河畔的沃布霍夫，成為當地的貴族領袖。在土耳其戰爭期間重新到軍中服役，戰後擔任西南地區土地銀行的主任，長達25年。這是一個沒有什麼功名心的善良的人，但是性情暴躁，貴族氣派濃厚，這使他的生活中充滿了不和與衝突。

從母系來說，別爾嘉耶夫承繼的也是貴族血統。他的母親出生於古達謝夫(Кудашев)公國，他的外祖母是法國貴族，所以，別爾嘉耶夫說他的母親是「半個法國人」。她在法國和波蘭有很多親屬，都屬於貴族階層，與她非常要好的堂姐布拉尼茨卡婭(Браницкая, Blanizkaia)是沙皇家族的親戚，在基輔省佔有6千俄畝土地，在華沙、巴黎、尼斯和羅馬都有自己的宮殿。別爾嘉耶夫的母親接受的是法國教育，年輕時生活在法國，她用法文書寫，寫得很漂亮，但用俄文連信也寫不通順，可是又不肯練習。

這個家族既有古老的俄羅斯貴族的傳統，又有經過資產階級革命洗禮的西方貴族傳統。這是很顯然的。不過，由於長期居住於俄國的西南地區，特別是基輔，所以受到西方文化的影響更強烈些。我們知道，自18世紀彼得大帝(Петр I, Petl I, 1672－1725)實行重大改革以來，西南地區就不僅從地理位置上（最接近西方）， 而且從文化內涵上接受了西方大量的文化輸入，使這一地區成為俄國在思想上最開化，文化上最先進的地區。處於這一地區文化中樞的基輔，當然更能感受到世界新文化潮流的氣息。特別是別爾嘉耶夫的家庭及親屬關係，自然比其他的俄羅斯貴族家庭多了一份「洋化」。哲學家回憶說：「我的家庭雖然原籍是莫斯科，但它屬於西南地區的貴族階層，受到西方的很多影響（這種影響在基輔一直很強）。 我的家庭的生活方式是西方的，具有波蘭和法國的色彩。」❶在家裏，大家

都用法語講話，許多事情都按法國方式辦理。這不僅是為了遷就家庭的女主人，而且也是一種開化的表現。長期以來，法國貴族的生活方式便為俄國貴族所推崇，學法語、吃法餐、學演法國禮節，成為時尚。但是，並非所有俄國貴族都能真正有此進化，多數家族只是做做樣子，他們的文化素質使之仍然習慣於古老的俄國貴族的一套。然而，這個家庭不同，一方面由於家庭成員長期的文化素質的培養，另一方面，與法國血統的家庭聯姻，真正地使之「西化」了。哲學家從童年起就經常出國，6歲首次跨越國界，到了母親養病的卡爾斯巴德。從幼年起就感受到異國文化的差異，而他從不對此感到陌生，相反卻自然地接受它。如果說他一生都保有著貴族氣派，那麼，我們知道，這種氣派打上了西方的烙印。

西方給予這個俄羅斯貴族家庭的影響決不僅僅是外在形式上的，更重要的還表現於它的文化內涵上，19世紀70年代的落後的封建主義的俄國和完成資產階級革命已逾百年的法國形成了鮮明的對照，即使與從上而下推行資本主義改革的德國相比，也在政治、社會上落後了近30年。政治上、社會上的反動與腐朽使俄羅斯的先進人士紛紛去學習西方文化，大批貴族階層出身的人成了「西方派」。儘管別爾嘉耶夫的家庭及其本人尚不能稱之為西方派，但是他們大量地接受了西方文化的影響卻是肯定的。別爾嘉耶夫從小受到西方文化的強烈薰陶，兩千年來的希臘文化和基督教文化的傳統，百餘年來資本主義的近代文明，使別爾嘉耶夫從小就在擺脫了俄國狹隘領域束縛的世界文化的天地裏成長。這使他不僅深切地瞭解自己的祖國，而且深切地瞭解西方──當時世界上最先進的領域。這對哲學家的一生都具有特殊的意義，使他能夠站在世界文化的高度審視

❶ 別爾嘉耶夫：《自我認識》，雷永生譯，上海三聯書店，1997，第5頁。

一切，既審視自己祖國的文化，又審視外國的文化；既審視東方的文化，又審視西方的文化，居高望遠，博大深透，以致對歷史的發展作出精湛的預言。

有的人認為，哲學是閒暇的學問，安寧與悠靜創造哲學家。其實不然，歷史倒是證明了相反的論斷：苦難愈深，愈能磨練哲學家；動盪愈甚，愈能造就哲學家。思想深刻的哲學家，就是因為他一生正處於歷史和社會大動盪的時代，他本人又經歷了太多的苦難。對於別爾嘉耶夫個人的經歷，我們在以後諸章中要逐步介紹，而對於他所處的時代在這裏要作個交代。

二、動盪的時代

經過了多次反覆的激烈鬥爭，俄國沙皇亞歷山大二世 (Александр II, Aleksandl II, 1818—1881)終於簽署了《農民改革法令》，宣佈廢除農奴制，這已經是1861年了。為了廢除反動的農奴制，俄國的被壓迫群眾和先進知識分子付出了巨大的代價，但是，真正實行這個法令，又經歷了多少慘烈的鬥爭。由於1861年的政革不能滿足農民的要求，所以引起了不斷的農民起義，同時，先進的知識分子提出了徹底推翻封建專制制度、實行民主革命的要求，赫爾岑 (А. Герцен, A. Herzen, 1812—1870)、車爾尼雪夫斯基 (Н. Чернышевский, N. Chernyshevski, 1828—1889) 等都從思想上和組織上進行了大規模的工作，車爾尼雪夫斯基在《領地農民同情者致領地農民書》中告訴農民：沙皇和地主「都是一丘之貉。但是，你們知道，狗不吃狗。沙皇一定支持領地方面。宣言、詔書頒佈了，彷彿要給你們自由，他這樣做只是為了誘惑」農民，必須起來爭取

真正自由的制度。這些革命民主主義者在當時的俄國產生了很大的影響，即使多次農民起義都被沙皇政府殘酷地鎮壓以後，革命民主主義運動仍然不斷地發展。

19世紀70年代，革命民主主義運動的主要代表是民粹派。民粹派主張「農民社會主義」，這種社會主義堅持反對沙俄的官僚地主專制制度，號召從農奴制下徹底解放農民，給農民以土地、自由和平等。他們充分相信俄國農民的革命性，認為實現這種農民的民主主義就是實現社會主義，俄國能夠避免資本主義而直接實現社會主義。這種社會主義實際是空想的社會主義。但是，民粹派的思想家和活動家為了實現這種理想，到民間去，為農民服務，與農民打成一片。前仆後繼，艱苦奮鬥，拋頭顱、灑熱血，譜寫了俄國革命史上可歌可泣的不朽篇章。1874年，就是本書主人公出生的那一年，大約二、三千名革命民粹派青年，穿上農民的服裝，模仿人民的語言，學習各種工匠手藝，走鄉串鎮，從各個城市來到以伏爾加河中游為中心的俄國農村，走遍俄國歐洲部分的37個省。他們以高度的熱情、犧牲精神及對苦難人民的真誠同情，向農民進行宣傳，鼓動農民的反抗情緒，支持農民起來進行「社會革命」。沙皇政府為此進行了大規模搜捕，於1874年底有數百人由於「關於帝國境內的革命宣傳案」而被審。

在這以後，民粹派成立了最大的秘密革命組織「土地和自由社」。它一方面對人民進行宣傳，一方面聯合一切革命者，進行秘密的革命活動，它的激進派則主張進行暗殺活動，以謀刺沙皇作為革命鬥爭的主要手段，這部分人於1879年底組成民意黨，並於1881年3月13日在彼得堡刺死了沙皇亞歷山大二世。但是，暗殺並不能結束政治上的反動統治。沙皇政府實行了更為反動的白色恐怖，加

緊了對革命運動的鎮壓。不過，暗殺活動的頻頻出現，標誌著專制制度的危機。在人們的心目中，專制制度已經搖搖欲墜，不僅革命者，甚至連大臣和沙皇本人，都意識到這點。俄國的各階級、階層，都感覺到了社會的動盪和不安，只不過對待這種動盪的態度各不相同罷了。

19世紀80年代的工業危機和一直延續到90年代初的蕭條景況，給農民、工人和其他勞動者帶來更加沉重的痛苦。變本加厲的反動政治統治深深地壓抑著革命者特別是知識分子。人們殫精竭智地探尋拯救俄羅斯祖國於水火的真理，各種各樣的思潮蜂擁而起。民粹主義、各種各樣的社會主義、無政府主義、馬克思主義以至神秘主義都在文化領域中打出自己的旗幟，而且直接與政治緊密相連。這樣，一場新的文化復興運動便應運而生了。這是一場類似中國「五四」新文化運動的思想解放運動。它宣佈了舊世界滅亡的必然性，它呼喚著新的世界，呼喚著俄羅斯的新生。

我們的哲學家正是生活在這樣的文化復興前後的時代，他被這個大潮以及隨之而來的大革命所裹脅、所吸引，掙扎著、奮鬥著，力求在這個大潮中保持自己的人格，進行獨立的思考和創造。我們將要看到，這是多麼艱難的精神的苦鬥。

三、孤傲的少年

我們的哲學家一生都在尋求自由、推崇創造，從幼年起就喜歡獨特的東西，而厭惡千篇一律、共同性、相似性、規範性，甚至連孩子與父母在相貌特徵的相似都引起他的反感。他喜歡的是有特色的人，「非一般公式化的人」。當然，讀者千萬不要誤以為他討厭自

己的雙親，實際上，他是很愛他們的。

　　由於家庭出身和先輩的功績，別爾嘉耶夫自然從幼年起便被列為Паж，即貴族子弟軍官學校的當然學生，準備將來成為俄國王室的侍從官或者近衛兵團的軍官。這在當時的社會裏是一種殊榮，可是對於別爾嘉耶夫來說卻成了沉重的負擔。他那追求奇特的性格、孤傲的貴族氣派與軍校的刻板而嚴厲的紀律、日復一日的千篇一律的生活無法相容，儘管軍校特准他回家居住（這也是特殊待遇），他仍然無法喜愛這個學校及它的課程。由於他外表的偉岸和貴族氣，很多人都認為他天生具有軍人氣質，是未來標準的近衛軍人或者公主貴婦的少年侍衛，但他自己對於當軍人則是深惡痛絕。絕對服從、步伐一致，甚至吃飯都要按口令進行，實在無法忍受。所以，儘管路人對他投以羨慕的眼光，而他自己則認為是天下最不幸的人，所以他在軍校的表現不佳，很頹廢。

　　他從小願意和女孩一起玩，長大後也一直比較喜歡與女人交往。在武備學校，更增加了他對男孩子的厭惡。因為軍校的學生大多很粗魯，沒有教養，交談沒有水平，膚淺，甚至愚笨，愛說髒話，使他覺得與男孩交流不僅乏味，也會變得下流。再加上他從小就有的類似舞蹈病性質的神經質動作，常常受到同學們的譏笑。所以，他盡量獨處，遠離眾人，以致被教官和學生們看作極端的個人主義者。

　　實際上，少年別爾嘉耶夫和軍校環境的衝突還有更深刻的原因，這就是他個人的思想素質問題。他是一個深沉的孩子，少年老成，很早就對哲學問題產生了濃厚的興趣，而且自認為具有哲學天賦，宇宙人生、真善美常常成為他思考的對象。這在同齡的孩子中是極為罕見的。他充分利用課餘時間讀自己喜愛的書，因此，軍校

科目的成績平平，而對宇宙大問題的思索卻大有長進。喜愛抽象的理論思維成為他的重要特點，具體的數學題常常解不出來，但是對數學和其他自然科學的原理卻掌握得很好；四行詩寫得蹩腳，不能很好地完成一頁聽寫和一系列改錯，但是語言知識比誰瞭解得都好；正字法背不下來，但文章寫得不錯。還有，軍訓科目的成績與歷史學成績簡直無法相比。

愛好思考使別爾嘉耶夫往往從別人習以為常的事情中引申出不平常的結論。比如，他的家族屬於有特權的統治階級，他的家庭和總督、省長、將軍們都有密切的來往。少年別爾嘉耶夫從這種交往中竟然領悟到這些人在人格上的兩面性，以致認為這些官僚們在其政權職能範疇之內處於半獸狀態。這是因為他看到，這些人儘管在家庭關係中、在上流社會的會客室裏都是彬彬有禮的，但在他們的權力管轄的衙門裏則是另一種樣子。有一位憲兵將軍到他家拜訪時，甚至對他這個孩子也是很客氣的，但是，當別爾嘉耶夫在監牢和審訊室裏見到他時，看到的則是一副猙獰的面孔。

先進文明的影響和愛好思考還使這個少年對自己所處的貴族世界產生了極大的反感。按他的天性來說，是強烈反傳統的。貴族世界頑固的傳統積習、繁瑣的刻板禮儀都與他的個性格格不入。對此，他從小就不適應，當他走入更廣闊的天地以後，這種不適應逐漸變成了厭惡。同時，面對災難深重的祖國和貧困交加的人民，他產生了沉重的壓抑感。下層世界的苦難和貴族世界的奢華之間的鮮明對照，使他感到悲憤。在貴族世界親身感受到的偽善、妄自尊大、權力崇拜和宗法制度使他窒息。他不像許多貴族子弟那樣隨波逐流，以致與這個醜惡的世界同流合污，而是陷入深深的思索之中，這使他從少年時代起就開始繼承了俄羅斯幾代知識分子的優良傳統，對

普通人命運的同情和關心佔據了他的心靈。把人從重壓之下解放出來，他將此視為自己天經地義的責任。這樣，儘管他個人仍未能擺脫貴族的積習，但卻從思想上與貴族世界產生了根本的斷裂，成為貴族社會的叛逆。他後來回憶說：「我很早就感受到與貴族社會的斷裂，我脫離了那個社會。對我來說，那個社會裏的一切都是不可愛的和令人非常憤怒的，當我進入大學時，這種情緒甚至達到這樣的程度：我更加喜愛猶太人的社會，至少，它能保證猶太人不成為貴族。」❷

這樣，我們從少年別爾嘉耶夫身上已經可以非常明顯地看到他的二重性，一方面，他具有貴族性，孤傲清高，貴族氣派，特別是具有貴族文人的特質，視個人的精神自由如生命一般寶貴，而卑視對物質財富的追求；另一方面，他又具有革命性，厭惡貴族社會，視貴族特權為草芥，同情和關心普通人的命運，願意為每個人的自由，為被壓迫的人的解放而奮鬥。

未來的哲學家實在忍受不了武備學校的環境與氛圍，他也決不再想繼承家族的傳統，當什麼近衛軍官了。家庭無力改變他的決心，只有同意他去上基輔聖弗拉基米爾大學。

---

❷　同❶，第104頁。

第二章　精神的苦鬥

一、馬克思主義的吸引

1894年，別爾嘉耶夫進入基輔聖弗拉基米爾大學自然科學系學習。這是他的革命性進一步發展的新起點。

脫離武備學校，進入基輔大學，意味著別爾嘉耶夫離開貴族的環境而投入一般知識分子的社會。在這裏，他不僅接觸到大量的貴族圈子以外的人，而且置身於更廣闊的社會生活之中，外在因素的重大變化使他更深入地思考著社會、歷史和人生問題。不過，由於他思考問題的獨特視角及由此得出的結論的徹底，使他的革命性不僅在發展，而且具有與眾不同的特點。

面對沙俄政權的專制制度，及其對人民的殘暴和對精神自由的扼殺，別爾嘉耶夫企圖從歷史上找到對其的解釋，但當他大量閱讀了歷史書籍以後，得出的卻是對國家、政權以致政治的普遍性的道德評價。他認為，無論國家、政權，無論政治，都是惡的東西，因為它們不是保護人的存在的主體性，而是扼殺這種主體性，把人的存在拋於其自身之外，使之客體化。國家強制人們接受它的統治，權力釀造著奴隸制，而政治則是控制人們的虛構物，是吸吮人們鮮

血的寄生物。從根本上說，它們都否定人的本性，取消人的自由，
扼殺人的精神，強迫人們無條件地服從。過去的世界、社會和文明
都在歌頌國家的偉大、權力的至上、政治之開明，這些都是奠基於
謊言之上的，實際上，歷史中充滿了扼殺人性、扼殺精神、扼殺自
由的罪行。過去的世界不去揭露它們，反而美化甚至神聖化那些罪
惡歷史事件，再用充滿了神化的歷史事件的讀物去折磨現存的人們。

　　別爾嘉耶夫認為，人的精神和自由是至高無上的本質的存在。
革命，就是要創造能使人的精神和自由得以發展的環境和條件，這
就是革命的合理性。當他後來回憶其走上革命道路的歷程時，曾對
他的革命性作過這樣的描述：「當我脫離了貴族 —— 特權階級的世界
以後，首先陷入孤獨狀態。我覺得，無論和誰都沒有共同點，我沒
遇到在精神上和我相近的人。……但是，當我走出孤獨狀態並進入
社會的、革命的世界時，我的生活有了內容。我的本性中何種根據
戰勝了我，使我走上了這條道路呢？是我的革命性。這種革命性在
那慘無人道的時代在不斷增強。我的革命性是複雜的現象。我的革
命性大概帶有俄國大多數知識分子所沒有的那種性質。它首先是精
神革命性，是精神的起義，我所說的革命就是自由，就是反對奴役，
反對世界之荒謬的意思。」 ❶很明顯，別爾嘉耶夫注重的是精神革
命，而不是政治革命，他厭惡單純的政治革命，認為那種革命的結
果只能是單純的政權更迭。所以，政治革命必須為精神革命服務，
而不能在革命中否定精神和自由。

　　別爾嘉耶夫的革命性還有一個特點，即它是以個人為本位而非
以集體為本位的。他認為，只有以個人為本位的革命性，才能真正

---

❶　別爾嘉耶夫：《自我認識》，雷永生譯，上海三聯書店，1997，第101
　　頁。

發揮人的創造性，而單純的政治革命往往壓抑個人的精神，政治的上層建築只是適合平凡的、普通的、沒有任何創造性的人群而壓制個人的創造性的，因此，單純的政治革命不能使人得到解放。

由此看來，別爾嘉耶夫的革命性具有無政府主義和個人主義的特點，這是他自己也承認的。在他看來，神聖的不是社會，不是國家，不是民族，而是人，是具有個性的人，他坦白地說：「無政府主義、人格論的無政府主義傾向是我所固有的。」❷

由於對個人精神自由的強烈嚮往，由於周圍世界特別是俄國的封建專制制度對精神自由的扼殺，別爾嘉耶夫認為俄國革命不僅是合理的，而且是必然的、不可避免的。不過，他所要求和希冀的是保證個人精神自由的革命，或者說是政治革命和精神革命相結合的革命。他希圖通過這樣的革命實現「錫利亞」（千年王國）式的理想。

為了準備和迎接這場革命，為了實現他的理想，別爾嘉耶夫刻意培養革命禁欲主義式的堅毅性。應該說，是醞釀革命的動盪時代促進了他的個性的道德外觀，革命的信念和革命的氛圍使他產生了特殊的心態，產生了實現理想的心理準備，產生了對未來可能遇到的考驗的心理準備。同時，他的這種堅毅性又和俄國知識分子的革命禁欲主義的傳統有關。俄羅斯的幾代知識分子為了拯救人民於水火，甘願放棄優裕的生活，不怕流血犧牲，他們的禁欲主義主張與宗教所推行的一般苦行不同，它是在被迫害中的堅忍的禁欲生活，是極為高尚的捨己為人的行為。此時，當別爾嘉耶夫嚮往著未來時，那條通向未來的道路為他展示的就是忍受苦難，就是為了信念而作出犧牲。他總是這樣想：「監牢、流放、國外的艱難生活在等著我。」

---

❷ 同❶，第106頁。

為了理想和信念，他在青年時代就已決定放棄特權地位，厭惡對金錢和社會地位的追求，厭惡虛榮的升遷。因此，不僅貴族社會使他反感，而且所有追求虛榮、名利、特權的社會現象都使他反感。可見，青年別爾嘉耶夫是非常激進的。這種激進態度不僅使他與貴族世界發生了深刻的斷裂，甚至對於文學家、教授、律師們的團體也極為反感。上大學後，他曾被人介紹參加由《神的世界》雜誌所聯繫起來的進步文學家的彼得堡集會。他對那裏的氣氛感到格格不入，認為那裏的人都是虛偽的，儘管名聲很大，實際價值並不高。

如此的思想基礎，如此的道德意向，別爾嘉耶夫之轉向社會主義和馬克思主義就是必然的了。

在這一轉向的開端，列‧托爾斯泰 (Л. Толстой, L. Tolstoi, 1828－1910)曾經在思想上給了他很大的影響。這既表現為他對所有偽善的、假文明、假偉大的歷史的鄙視，對於假聖人的蔑視，表現為深信全部文明的和社會化的生活及其規範、繁文縟節的虛偽性，也表現為他對人的同情，對人的精神和自由的尊重，表現為他對淨化心靈的高度評價。他的靈魂始終顯現著列‧托爾斯泰的影子，終生都是如此。

別爾嘉耶夫在接觸馬克思主義之前，還認真研究過米海洛夫斯基 (Н. Михайловский, N. Miuhailovski, 1842－1904) 的民粹主義社會主義的著作。當時他抱著對革命的同情態度，從倫理學角度理解和論證社會主義，認為社會主義可以保證個人的自由。在他看來，米海洛夫斯基和赫爾岑一樣，是個人主義的社會主義的捍衛者，他們的社會主義可以較好地解決個人與社會的衝突問題，所以是可以接受的。然而，他又覺得米海洛夫斯基的社會主義的理論力度不夠，缺乏堅實的理論基礎。

正當他苦苦尋找思想出路的時候，和正在俄國興起的馬克思(K. Marx, 1818—1883)主義相遇了。這是在1894年。

在大學一年級時，別爾嘉耶夫和自然科學系的同學洛哥文斯基(Логвинский, Logbinski)相識並建立了極好的關係（後來洛哥文斯基在遭到長期監禁之後被流放到西伯利亞，並在流放地逝世），通過他，別爾嘉耶夫接近了大學生的馬克思主義小組，參加他們的集會，聽關於馬克思主義的報告。儘管他對這些報告有許多不滿甚至反感，但他仍被馬克思主義的學說所吸引，認為馬克思主義理論是在俄羅斯文化生活中出現的新東西，應當確定對它的態度，所以，他如饑似渴地大量閱讀馬克思主義的著作，並且很快弄清楚了這個理論的含意。雖然他對這個學說有不少保留之處，但當時仍給以充分的肯定，並受到它很大的影響。

首先，別爾嘉耶夫認為，這種學說和俄羅斯以往的一切革命理論不同，它表現為全新的意識形態，在那個知識分子無休無止地爭論的紀元裏，從西歐傳入的馬克思主義具有嶄新的理論形態，比起當時俄國知識分子中所流行的眾多學說來，它不僅在形式上和它們很少相似之處，而且在文化水平上要高得多。因此，它對俄國知識分子的影響非常強烈，在俄國得到了迅速傳播。甚至可以說，它使俄國知識界發生了劇烈的分化。

第二，別爾嘉耶夫特別欣賞馬克思主義中的歷史哲學，認為它氣魄非凡，關於世界前景的描述也異常宏偉。和馬克思主義的歷史哲學相比，以往的俄羅斯的各種社會主義包括米海洛夫斯基的社會主義理論成了土裏土氣的地方性現象。這一點深深地打動了他。

第三，當時的俄國處於社會大變動和大革命的前夜，各種社會圈子急劇分化。精神文化領域中的解放迫在眉睫。別爾嘉耶夫認為，

馬克思主義在俄國的興起可以促進俄羅斯精神文化的解放。

第四，和幾代知識分子一樣，別爾嘉耶夫不僅仇視封建制度，而且敵視資本主義制度。他曾說：「不僅在社會的意義上而且在精神的意義上對『資產階級性』的厭惡，永遠是我的推動力。」❸馬克思主義正是以資本主義的制度、思想和文化作為自己的主要批判對象，並且預言了資本主義滅亡的必然性，因而別爾嘉耶夫盛讚馬克思的天才，當時完全接受了馬克思對資本主義的批判。

第五，儘管別爾嘉耶夫對資本主義沒有好感，但仍然認為西歐比俄國要先進得多，文明得多，所以他堅持反對俄羅斯的民族主義，嚮往歐洲先進的文化。他認為，馬克思主義本來是西方的產物，19世紀90年代傳入俄國是件好事，它會使俄國知識分子歐化，歸依西方思潮，走入更廣闊的天地。

第六，別爾嘉耶夫曾說：「我有在生活中實現自己理想的要求，我不想成為空泛議論的抽象思想家。」❹就此而言，他和那一代革命知識分子有著共同的特點，這種特點使他們苦苦地探索可靠的革命理論，謀求理想的實現。但是，19世紀以來各種革命運動都沒能成功，這暴露了各種革命理論缺乏現實的生命力。別爾嘉耶夫和其他革命知識分子一樣，常常陷於苦悶之中。現在，「當舊的革命派遭到失敗的時候，馬克思主義揭示了革命勝利的可能性。」❺這使別爾嘉耶夫大受鼓舞。

正是由於當時別爾嘉耶夫對馬克思主義作了如此之高的評價，受到它如此之大的影響，所以他接受了（儘管是有保留地）馬克思

---

❸　同❶，第107頁。

❹　同❶，第110頁。

❺　同❶，第110頁。

主義，參加了社會民主黨組織的活動。

　　不過，如果以為這時別爾嘉耶夫完全融合於馬克思主義的團體之中，那就錯了。他是一個思想開放的人，不可能把某一種學說當作權威來崇尚。所以他參加馬克思主義小組活動的同時，還與其他非馬克思主義的團體和個人來往，其中對他很有影響的是切爾帕諾夫 (Γ. Челпанов, G. Cherpanov) 和舍斯托夫 (Л. Шестов, L. Shestov, 1866－1938)。前者是大學裏的哲學教授，別爾嘉耶夫經常去聽他批判唯物主義的課程，星期六則到他家去進行長時間的談話，這些活動使別爾嘉耶夫的眼界更加開闊。後者也是哲學家，當時已經出版了他的第一批著作。他論述尼采(Nietzsche, 1844－1900)和陀思妥耶夫斯基 (Ф. Достоевский, F. Dostoevski, 1821－1881) 的著作特別使別爾嘉耶夫感興趣，他們過從甚密，經常在一起探討哲學問題。這種學術上的交流已經開始使別爾嘉耶夫關注馬克思主義以外的學說，特別是存在主義思想了。

　　儘管如此，他的主要思想傾向還是馬克思主義的。別爾嘉耶夫不僅是理論的探索者，而且是實際的革命運動的參加者。他參加了受馬克思主義影響的大學生運動和社會民主運動，並因此而兩度被捕和流放。

　　第一次被捕是由於參加基輔大學生的示威遊行，他和被捕的人一起被罰做了幾天苦役便釋放了。

　　第二次被捕是在1898年，這是由於參加俄國第一次大規模的社會民主運動。這一次他不僅被學校開除，而且被審判和流放。基輔總督企圖從思想上開導他們，向被捕的人們說：「你們的錯誤在於你們不瞭解社會進程是一個有組織的進程，而不是邏輯的進程。嬰兒不可能早於十個月而出生。」但憲兵首腦卻不這麼含蓄，他對別

爾嘉耶夫說：「從你的文稿看，你企圖推翻國家、教會、私有制和家庭。」這是不可以饒恕的，即使別爾嘉耶夫出身顯貴，即使他的雙親和總督有密切的關係，仍然被判處流放沃洛格達三年。

二、新的轉向

在等待判決和流放期間，別爾嘉耶夫閱讀了大量的書籍，和被捕及被流放的人們研究和爭論理論問題，並且開始撰文敘述自己的思想。

在19世紀末俄國的情況下，別爾嘉耶夫在眾多的革命學說中選擇了馬克思主義，但這並不證明他完全同意馬克思主義全部理論，成為徹底馬克思主義者。特別是對於馬克思主義的哲學唯物主義，他一直持懷疑態度。他讚賞馬克思對歷史的唯物主義解釋，但認為那是社會學，而不是一般意義的哲學，更不是一般的哲學唯物主義在社會歷史領域中的推廣和運用。在哲學上，他和大多數社會民主黨的理論家有很大的區別，後者多是黑格爾(G. Hegel, 1770—1831)主義者，而他更傾向於康德(I. Kant, 1724—1804)、費希特(J. Fichte, 1726—1814)。別爾嘉耶夫從不自認為是正統的馬克思主義者，頂多是個批判的馬克思主義者。他企圖在批判的形式中將馬克思主義與康德、費希特的唯心主義哲學體系綜合起來，成為「真正革命的社會主義」的哲學基礎，而他所謂的「真正革命的社會主義」是精神革命和政治革命高度統一的和諧的社會主義。這種社會主義，不能為政治革命犧牲精神，不能為集體犧牲個人，不能為集權犧牲自由。這樣，他的社會主義從開始就和正統的馬克思主義哲學、正統的馬克思主義社會主義存在著無法調和的分歧。由於他是一個思想

上極為獨立的人，這種分歧終將引導他脫離馬克思主義。

1899年，在考茨基(Kautsky, 1854—1938)主編的《新時代》雜誌上發表了別爾嘉耶夫的第一篇文章〈朗格和批判哲學及其對社會主義的態度〉。考茨基歡迎他的論文，並聲稱在理論上發展馬克思主義方面，對俄國的馬克思主義者寄予厚望。但是，俄國的馬克思主義者們卻產生了懷疑，因為他們從這篇文章的觀點上感到別爾嘉耶夫不是「他們的人」。

接著，別爾嘉耶夫的第一本著作《社會哲學中的主觀主義和個人主義》出版了，它的非正統的革命理論觀點在革命知識分子中引起了極大的爭論。這本書的副標題是「論Н・К・米海洛夫斯基」，作者在評論米海洛夫斯基的民粹主義社會主義過程中表述自己的重要觀點。歸納起來，主要是以下四點：

第一，存在著兩種意識：心理的意識和先驗的意識。前者依賴於社會環境和階級地位，後者則依賴於邏輯和倫理。真、善、美皆非心理意識，而是先驗意識，它們不依賴於社會環境，不依賴於階級地位，與革命鬥爭無關。可能存在著對於掌握真、善、美有利或不利的社會條件，但這些社會條件並不直接決定真理、正義和美。既然先驗意識中的真理與階級地位、階級鬥爭無關，那麼，所謂「階級的真理」便是荒謬的詞組。應該說，只有階級的謊言，而無階級的真理。

第二，既然存在著兩種意識，那就證明人的認識也有兩重性，即不僅有社會性質，而且有邏輯性質，必須將二者結合起來。進行認識的既不是沒有精神的純社會主體，也不是單純的先驗主體和萬能的理智，而是具有一定精神結構、依賴於社會關係的具體的人，他們的心理意識依賴於經驗，他們的先驗意識則超越經驗，因此，

應當規定具體的人與先驗意識的關係。

第三，無產階級不僅要從舊的社會環境和階級地位中解放出來，從罪惡剝削制度下解放出來，而且要被賦予有利的社會條件、心理條件，以便掌握（被先驗意識所決定的）真理和正義。這兩方面都是革命的目的。只有全面實現革命的目的，無產階級才能得救。別爾嘉耶夫說，這是無產階級的「彌賽亞說」。為了全面實現革命的目的，就應當在無產階級中培養心理意識和先驗意識的最大限度的一致。

第四，既然真理是不依賴於社會環境和階級地位、階級鬥爭的，那麼，它本身就應具有獨立性，從而探討真理的哲學也必然具有獨立性。只有承認這種獨立性才能保障思想的自由。不然，就會用政治、政權、階級利益去干預真理和真理的探求，就會扼殺精神自由，產生極權主義。馬克思主義不應是極權主義的。

普列漢諾夫(Плеханов, Plekhanov, 1857—1918)讀過《社會哲學中的主觀主義和個人主義》之後，對別爾嘉耶夫說：「你的哲學表明，你不可能仍然是個馬克思主義者。」別爾嘉耶夫在馬克思主義小組裏和很多人進行爭論，其中包括後來成為蘇維埃政權中人民教育委員的阿‧盧那察爾斯基 (А. Луначарский, A. Lunazalsky, 1875 — 1933)。後者堅決反對別爾嘉耶夫的真理獨立性的觀念，認為真理不能脫離革命階級的鬥爭而獨立，哲學的自由產生於認識的過程中，聲稱在別爾嘉耶夫的哲學中看到了危險的個人主義。後來成為俄共（布）中央委員及「無產階級文化派」重要代表的阿‧波格丹諾夫 (А. Богданов, A. Bogdanov, 1873—1928) 則說別爾嘉耶夫是從馬克思主義走向唯心主義的那些派別的「主要表述者之一」。

　　馬克思主義的理論權威們的尖銳批評並沒能使別爾嘉耶夫卻步。他說，這一時期的「內在轉變」為其「展示了一個新世界」，「這個新的世界是美妙的」，它「決定了我的生活的複雜化，也決定了我的新的感情的豐滿。」❻他的研究興趣愈益濃厚，閱讀範圍愈益廣泛，他把更多的時間和精力轉向研究尼采、列‧托爾斯泰、陀思妥耶夫斯基、易卜生(Ibsen, 1828 －1906)等人的思想，研究象徵主義作家的著作。在一段時期裏，易卜生的戲劇和理論著作對他產生了很大的影響，易卜生的後期創作著力探討個人在社會中的命運問題，探討真實與虛幻的實質。他的名劇《玩偶之家》揭露個人由於屈從於社會習俗而喪失了自由和自我表現的能力。在大型十幕劇《皇帝和加利利人》中提出了「第三世界」的概念。闡明在「第三世界」中，人可以彌合情慾和精神的脫節。這些哲理與別爾嘉耶夫的思想是相通的，他說：「易卜生深深地吸引了我，他成了如陀思妥耶夫斯基和托爾斯泰一樣讓我喜愛的作家，我的被人們稱作個人主義的思想，我對個人命運的敏銳感受，全都與陀思妥耶夫斯基和易卜生有關。」❼

　　對個人命運的關注，在別爾嘉耶夫那裏就是對精神自由的關注。他曾說：「關於個人與自由的課題是我一生的課題。」他始終承認革命的合理性，承認改變不合理制度的政治革命的必要性，但他又總是同時看到革命的不合理的一面，看到政治革命的殘酷的方面，即對個人的壓抑，對精神自由的扼殺。這種思想引導他愈益嫌棄「此岸」的事物、經驗的東西，愈益想超越這個狹小的、封閉的「此岸」世界，而愈益被「彼岸」的先驗的東西所吸引。他在流放中所寫作

---

❻　同❶，第116頁。
❼　同❶，第116頁。

和發表的兩篇文章〈為唯心主義而鬥爭〉和〈從哲學唯心主義觀點看倫理學問題〉（兩文均發表於《唯心主義問題》文集）反映了他此時哲學世界觀的變化。文章不僅表現了別爾嘉耶夫向康德的接近，而且滲入了尼采哲學的旋律。文章肯定創造新世界的合理性，但又認為對這種合理性的論證，只能以人的自由和人的創造性活動為基礎，而不能以（必然經過社會革命階段的）社會辯證進程為基礎。

別爾嘉耶夫還認為，20世紀初，俄羅斯大地將要出現繁榮文化的新的精神潮流，這種潮流要衝破俄羅斯知識分子傳統的世界觀和傳統的精神結構，衝破極權主義，衝破對自由和精神的壓抑，使長期憂鬱的精神獲得解放。

這些思想與當時俄國革命知識分子左派所主張的正統馬克思主義即辯證唯物主義是有根本分歧的。別爾嘉耶夫的論著表明他已經離開馬克思主義而轉向了唯心主義。甚至，後來連《社會哲學中的主觀主義和個人主義》那本書中關於心理意識和先驗意識統一的思想也淡漠了，他的思想已經集中於先驗意識，甚至先驗世界上來，認為這才是哲學最根本的對象。這一時期他還深入研究了狄奧尼索斯（酒神）精神，實即非理性問題。他本是個重理性、重邏輯思維的人，但是在思維創造的高潮中經常有瞬間神魂顛倒如醉酒般的感受（他酒量很大，永遠不醉，醉酒的感受是在飲酒之外產生的），他把這看作自己本性中固有的酒神精神，認為當一個人迷戀於思維，迷戀於精神的創造時就會出現瞬間神魂顛倒狀態，進入創造高潮時會完全如醉如癡。從這裏可以看出他對非理性的推崇。

別爾嘉耶夫這些思想被左派知識分子特別是社會民主黨人視為對馬克思主義的背叛，馬克思主義的報刊對他進行批判和指斥，說他是「個人主義者」、「唯心主義者」、「尼采主義者」、「貴族派」

等等。這使他非常痛苦。因為他這時在政治上沒有什麼變化，對封建主義、資本主義制度的批判立場沒有改變。不過，他在思想上轉向唯心主義，這是確定的事實，這是左派革命知識分子特別是馬克思主義者所無法理解和不能容忍的。在這種情況下，別爾嘉耶夫被馬克思主義者疏遠了，但他也沒有加入自由黨人的行列，他和那些人也格格不入。自由黨人也經常對他加以嘲笑和譏諷，因為他們認為別爾嘉耶夫視為生命的精神探索實為無關緊要的小事。別爾嘉耶夫也不去接近和參加立憲民主黨，因為他認為那是資產階級的政黨。比較起來，他覺得在社會民主黨人中間還比較好。但他們不能原諒他的「反動」。　在流放的後期和流放期滿後的一段時間裏，他陷入深深的苦悶之中。他把自己這個時期叫作「下降的時期」。　不過，這並不是精神停滯的時期，相反，他仍然在進行緊張的精神探索，這種探索終於使他轉向存在主義，轉向宗教。那又是一個新的複雜而艱難的歷程。

　　然而，時代不允許他作平靜的研究，1905年的革命要來了，俄國社會到處翻滾著準備革命的浪潮。別爾嘉耶夫懷著矛盾的心情迎接這個時代的到來。

第三章　在俄羅斯文化復興的大潮中

1903年，別爾嘉耶夫從流放地回到基輔，此時的他，面臨著嚴峻的選擇。

一、精英文化與革命文化的斷裂

俄國1905年革命前後，在文化領域出現了紛紜變幻、眩人耳目的局面。這是社會危機在文化上的體現，不論是哲學、宗教，還是文學、藝術，到處派別林立，學說縱橫。文化人的精神興奮到了極點，心理緊張到了極點。誰都感到大廈將傾、末日將臨，誰都看透了沙皇專制制度的腐朽和沒落，誰都在預測未來，設計未來。道德觀、社會觀、價值觀、歷史觀等等都被重新加以審視，歷來被視為天經地義的一切都成了懷疑的對象。這是一個文化復興的時代，文化空前繁榮的時代，同時又是一個文化領域的鬥爭空前激烈的時代。

文化領域中的鬥爭不僅存在於進步文化與維護沙皇統治的御用文化之間，而且存在於精英文化與革命文化之間。

俄國是一個文化極端落後的國家。直到第一次世界大戰前夕，俄國各類學校學生總數僅為700萬，每千人中不到50人。五分之四

的學齡兒童和少年被剝奪了受教育的權利，識字人口只佔人口總數的21%，是歐洲各國中文盲最多的國家。佔人口大多數的農民和相當部分的工人是文盲和半文盲，生活上極端貧困，幾乎沒有受教育的可能。但他們又是受壓迫剝削最深的群眾，最仇恨沙皇專制制度的階級，是革命最基本的力量。要想推翻舊制度，必須依靠這支生力軍。因此，在這場必然要到來的革命中，誰能爭取到工人農民的支持，誰就能獲得勝利。俄國的社會民主黨以及後來的布爾什維克所以能最終掌握政權，正在於他們用馬克思主義中最通俗的、群眾最能接受的道理——其核心是階級鬥爭理論——說服了工人農民，掌握了工人農民，不僅戰勝了沙皇的軍隊，而且「橫掃」各種文化理論，使自己站穩了腳跟。布爾什維克主義在俄國的勝利說明它是適合於經濟文化落後的俄國現實的，它的階級鬥爭理論，它的社會主義藍圖（公平公道的社會），它對舊文化（包括資本主義文化）的「徹底」批判，都是適合俄國文化落後又深受壓迫的群眾的心理的。

從文化上來說，這時的群眾沒有對文化的深刻瞭解，也沒有對文化的任何留戀，他們最關心的是盡快改變自己的受壓迫地位，盡快拯救自己於水火，他們甚至可以接受敵視所有文化的教育，把所有的文化都看作沙皇專制制度的幫凶，自覺地把文化人視作自己的敵人，起碼不是自己的同路人。

這樣，就必然產生精英文化與革命文化的斷裂。

這種斷裂也有來自文化精英方面的原因。

這裏所謂的文化精英是指具有較高文化素養同時也要求變革的知識階層。它包括從事精神生產的各領域的學者、專家、文化工作者。這個階層中相當多的人出身於上流社會，就其家族的地位來說，也許和沙俄制度有著千絲萬縷的聯繫，然而，由於他們受到高

層教育，由於接受了先進文化的影響，也由於繼承了俄國傳統的優秀文化，更由於親自感受到俄國的腐朽沒落及其在世界面前的羞辱，他們的思想具有超前性，他們強烈地要求改變現狀，迫切地尋找拯救俄國的出路，因此，他們同樣具有較強的革命性，屬於社會的先進力量。在文化精英中，還有不少出身於平民的知識分子。

先進性、革命性是文化精英的一個顯著特點。同時，他們還存在另外的特點：推崇文化變革而輕視民眾的社會運動。這個特點決定了他們在俄國的社會大變動中注定要扮演悲劇的角色。儘管一個社會的劇烈變動，總有各方面的準備，其中文化變革也是重要內容之一。文化變革特別使人們動搖對舊制度、舊現實的信任，在精神上和心理上準備接受新的世界。因此，任何一次革命的成功，都不可能沒有文化變革的作用，對於革命來說，文化變革功不可沒。然而，社會革命、政治革命與文化變革能否很好地、和諧地結合卻大成問題。許多政治革命往往在利用了文化變革之後就忘掉它的功勞，將之棄置一旁，甚至打入冷宮。對於俄國的這場革命來說就更是如此。這是後話，待後面再作詳談。不過，19世紀末—20世紀初的俄國文化復興運動已然顯出了與民眾的社會革命運動的脫節和斷裂。

當時，直接影響工農革命運動的是社會民主主義和馬克思主義。馬克思主義者深入到工廠農村，組織群眾，進行政治鬥爭、經濟鬥爭，甚至到士兵當中去發展秘密組織，努力爭取建立自己的武裝力量，他們的宣傳、組織工作都圍繞著一個根本目的：奪取政權。政治鬥爭是他們的中心任務，他們認為文化必須為政治服務，所以，他們對一切離開這個根本目的和中心任務的文化一概採取排斥的態度。他們在文化上推崇的只是辯證唯物主義和歷史唯物主義，在俄國民族文化中推崇的只有革命民主主義者——別林斯基 (B.

Белинский, V. Belinski, 1811—1848)❶、車爾尼雪夫斯基❷等的文化傳統。

　　另一方面，文化精英們所從事的文化變革──文化復興運動卻遠離群眾而在文化人的狹小圈子裏進行，儘管他們也在緊張地進行創造，但卻因遠離社會多數而影響不大。同時，由於俄國整體上文化之落後，一般群眾往往不瞭解他們，也不理解他們工作的重要意義，甚至在文化虛無主義和階級鬥爭理論的薰陶下對他們抱敵視態度。

　　20世紀初，俄國的文學運動出現了有史以來重大的轉折，那就是文學運動中突然出現了眾多的形形色色的新流派。過去，藝術思想上的爭論只有現實主義和古典主義之爭，而這時，眾多的文學派別，都樹起反傳統的旗幟，標新立異，個性鮮明，爭論不休。首先，這些流派都對古典主義進行猛烈攻擊，而托爾斯泰和陀思妥耶夫斯基的批判現實主義得到了進一步的發揚，同時出現了浪漫主義、唯美主義、象徵主義、形式主義等等流派，文學家們一方面奮力批判現實之惡、歷史之惡和傳統文化之惡，另一方面又追求「永恆的美」，揭示「世界的理想本質」，主張透過現象的外層，深入核心，達到表現某種超越生活的真髓，而不是具體地反映客觀世界的外在形式。無論浪漫主義、象徵主義還是形式主義都認為藝術是個人內心世界的再現，藝術形象只是一種象徵、形式，要通過它表現個人內心思想的無限，因此他們認為文學之解放就在於個性自由的解放。這些

---

❶　別林斯基：俄國文學批評家、政治家、革命民主主義者、唯物主義哲學家。

❷　車爾尼雪夫斯基：俄國文學批評家、學者、作家、革命民主主義者、唯物主義哲學家。

文學流派推動文學去發掘人的主體性，這正是其進步意義之所在，但是，推崇個人內心世界自由之傾向的極端化又往往使一些人孤傲自賞，甚至走上神秘主義、頹廢主義之路。

這個時期在哲學上出現的複雜現象說明了它受西方影響之強烈。黑格爾不再像過去那麼受尊重了，而反黑格爾的新康德主義、尼采主義、存在主義、人格主義等等則流行起來，還有一個非常重要的現象就是哲學與宗教神學的接近。這是俄國革命前的一個非常特殊的現象，這和18世紀法國大革命前夕的情況大相逕庭。法國革命前，在文化界最強大的力量是反宗教、反神學的啟蒙思潮，而俄國革命前在文化圈裏卻是對新的神學的尋覓。當然，對這種現象不應簡單化地瞭解（過去蘇聯官方哲學就是這樣瞭解的），以為它完全是為了維護教會以及反動政權的，其實，這是俄國條件下的一種進步現象。這是恢復俄國東正教的人道主義傳統的一種努力，也是對東正教會為虎作倀的尖銳批判。我們所以這樣評價它，是因為這種復興宗教哲學的運動是以弗・索洛維約夫的思想為依據的。

弗拉季米爾・謝爾蓋葉維奇・索洛維約夫 (Владимир Сергеевич Соловьев, V. S. Soloviev, 1853－1900) 是 19 世紀下半葉俄國著名的宗教哲學家、詩人、政論作家。年輕時曾就學於莫斯科大學數理系，兩年後轉到歷史語文系學習，同時旁聽莫斯科神學院課程。研究生畢業論文題目為《西方哲學危機：反對實證主義者》。畢業後曾任聖彼得堡大學哲學教研室副教授，因要求寬恕1881年3月沙皇亞歷山大二世的行刺者而被解職。後又出任教育部學術委員會委員，再後則專心從事研究和著述，在文學、歷史、哲學、宗教諸領域均有精深的造詣。

「萬物一統」是索洛維約夫宗教哲學的核心思想。他認為，世

界萬物皆源自一個單一的創造源泉，即絕對的存在（猶太教和基督教把這個存在稱作上帝）。這個絕對存在最終還會把一切統一起來。現在，千差萬別的事物正在經歷著同那個源泉重新結合起來的過程，自然的創造根源正在把一切引向一個有生命力的「統一整體」。這是一個精神的主動創造過程，同時也是一個世界進化的過程。世界已經經歷過礦物王國、植物王國、動物王國，正處在人類王國階段。這個人類王國階段還要向神的王國進化。在人類王國階段，如果人沒有自覺的信念，就會安於現狀，逆來順受，就會不求進取；而具有自覺的信念，就會相信人類現狀不應當是它現在這個樣子，而是應當被改變、被改造的，應當達到絕對完滿生活的人類活動場所，即神的王國。

有了這種自覺信念（它是通過神秘的直覺而得到的），人就被神意所推動，按照神意去行動。這種行動就是使人逐漸脫離自然界，擺脫物質的誘惑，使自己從自然人變成為精神人，追求精神之高尚，達到愛和自由和諧，也就是使人類神化，或者說使人變成神，這是人類最高的理想境界，是神的王國。

索洛維約夫的宗教哲學思想充滿了人道主義精神，這是對俄羅斯文化傳統的繼承和發揚。但是，這種人道主義思想終究是建立在宗教的基礎之上的。所以也就瀰漫著神秘主義氣息。他認為，從人的王國向神的王國的過渡就是神與人相互實際作用的過程，是人由神所推動、所啟示、所教導、所表率的過程，神通過基督使自身個體化、現實化，人則在這個具體的神的啟示下，通過宗教生活使自身更加完美。因此，宗教生活是人類得救的唯一途徑。但是，對於過去宗教一貫倡導的奴隸主義、逆來順受等等，他是堅決反對的，他主張每個人都有自由發展自己積極力量的絕對權利，而不應成為

別人異己意志的工具。「任何一個人，不管所處的條件如何，也不論有什麼原因，都不能被看作實現毫不相干的目的的手段——他不可能成為他人幸福、整個階級幸福，抑或所謂共同幸福，即大多數人幸福的手段或工具。」❸同時，任何一個人也不應把別人當作實現自己幸福的手段，更不應為了自己的幸福，使用卑劣的手段，「最高的人類幸福排除實現自己目的的不道德手段」❹。應該說，索洛維約夫努力弘揚的正是原始基督教中的人道主義精神。

　　基於這種精神，他不僅批判腐朽反動的俄國現實，而且批判資本主義，認為資本主義是市儈王國、金融寡頭政治統治的王國，「資本和資產階級政權只是取代君主制和封建政權而已」❺。但是，要改變這種不合理的不道德的社會，主要靠宗教生活和道德修養，因此，他也反對暴力和暴力革命。

　　索洛維約夫的宗教哲學思想由於繼承和弘揚了基督教原有的人道主義精神，而被官方教會視為具有叛逆性的自由主義精神，然而卻被具有自由主義精神的19世紀末—20世紀初的哲學、文學和宗教界人士所推崇。同時，在社會處於階級鬥爭十分尖銳的時代，它也必然受到激進的革命力量的批判。但是，在新與舊交替的社會轉型時期，索洛維約夫的宗教哲學思想對當時俄羅斯的思想文化界產生的巨大影響是絕不能低估的。

---

❸　В. С. Соловьев: *Собранные сочинения*, В. 10, томах, Там 8, С. 296.

❹　同❸，С. 311。

❺　同❸，С. 5—6。

二、從「解放社」到「宗教—哲學協會」

處在俄羅斯文化復興和文化革命的大潮中，面對兩種文化的斷裂，別爾嘉耶夫經歷著一個異常興奮而緊張的過程。

在流放地他已經被馬克思主義者所疏遠，並不斷地遭到馬克思主義者的批判。多年的歷史已經證明，共產黨人的排他性極強，尤其是在激烈的革命過程中。因此，我們可以想像別爾嘉耶夫當時的處境之艱難，作為具有革命性的青年來說，他仍然堅信革命的必然性，傾向社會主義的理想；作為具有較高的文化修養的學者來說，他要獨立思考，要從文化的高度審視一切。這樣，他就被夾在兩股文化的斷裂層中，從同情下層群眾的革命理想和行動來說，他應屬於革命文化的領域；從尊重文化傳統、保護文化成果、獨立思考地發展高層文化來說，他應屬於精英文化範圍。這種特殊狀態使他開始時還與兩方面都保持著聯繫，但這是不可能長久的，事實上，處於斷裂之中的人們最終發生了分化，至少在行動上都歸到了不同的方面。別氏也是如此。不過，特別的是，他不論身在哪一方面，總是不能適應，總是保持著自身的獨立性，因而，他常常感到孤獨，幾乎終身都是如此。

1903年，從流放地返回基輔，這時別爾嘉耶夫極感孤獨。他雖然不是政治家，不過絕不是對政治漠不關心的人。參加民族解放運動的渴望和當時的處境使別爾嘉耶夫參加了「解放協會」(Союз освобождения)的活動，「解放協會」是俄國第一個重要的自由政治團體。1903年9月在哈爾科夫成立。別爾嘉耶夫與它的創始人有著個人的密切關係，被吸收參加了1903和1904年在國外召開的兩次

會議。還曾代表解放協會和社會民主黨人、著名的崩得(Bund)❻的代表馬爾托夫(Мартов, Martov)會談。「解放協會」在1905年革命前起了積極的作用，它從自由派的立場上推動俄國的改革，其綱領是實行君主立憲和爭取普選權，將部分土地分配給農民。它所制定的策略是：1.推動地方委員會請求沙皇頒佈憲法；2.舉行盛大宴會慶祝亞歷山大二世的法庭改革40週年，而實際上是推行自由的政治理想（此即所謂的「酒宴運動」）；3.支持各地成立協會，並聯合成為「協會的協會」。在「解放協會」的帶動下，許多自由主義團體都通過要求立憲的決議。

別爾嘉耶夫雖然參加解放協會，也參加了一些社會集會和對現社會的抗議遊行。但他對社會革命、政治革命仍不能適應，纏繞於腦際無法揮去的問題仍是精神革命問題。他認為，在舊的社會大廈即將傾覆時，精神文化的復興是不可避免的。在這種時刻，應當允許知識分子選擇新的意識，這是精神自由的要求。指斥這種意識選擇為反動，正是在扼殺精神自由。事實上，許多被指斥為反動的知識分子，都積極參加了俄羅斯的解放運動，這難道不證明他們在政治上的進步性嗎？別爾嘉耶夫不顧種種政治責難，仍然繼續自己艱難的精神探索。

1904年秋，為參與編輯《新路》(Новый путь)雜誌，別爾嘉耶夫移居彼得堡。在這之前，在這一年的夏季，別爾嘉耶夫結識了後來成為他的終生伴侶的傑出女性莉季婭(Лидия, Lidiia, ?—1945)。莉季婭不僅照顧著別爾嘉耶夫的生活，而且影響著他的心靈。

《新路》雜誌的出版人是梅列日科夫斯基(Д. Е. Мережковский, D. E. Merejkovski, 1856—1941)❼，過去它的內容主要是宗教神學

❻ 崩得：立陶宛、波蘭和俄羅斯猶太工人總聯盟。

方面的，現在在內容上加以更新，增加文學的、哲學的和社會學的內容，別爾嘉耶夫負責哲學和政治方面的稿件。出版幾期後停刊，接著又出版了新的雜誌《生活問題》(*Вопросы жизни*)。出版人仍是梅列日科夫斯基。《生活問題》是當時文化復興所出現的各種新潮流派的匯集地，它的編輯人員從不同的世界走來，又沿著不同的世界散開。因此，儘管雜誌的內容五彩繽紛，但無固定的中心。在它周圍，聚集著各種流派的代表人物。這使作為編輯的別爾嘉耶夫大開眼界，過去他對文學和文學界不大瞭解，現在他走入了文學家的圈子裏；過去他對宗教神學比較陌生，現在認識了一批宗教哲學家；過去他對藝術的諸多流派知之甚少，現在則在與藝術家的交往中增加了大量新知識。後來他曾回憶說：「在彼得堡的環境中我終究接受了許多新東西，發現了生活的新的方向。我提問題複雜化了，我與文學、藝術的關係豐富起來，我認識了許多有意思的人。」 ❽
當時對他產生了比較大的影響的有：А‧梅列日科夫斯基、С‧布爾加科夫(С. Булгаков, S. Bulgakov, 1871 —1944)❾、В‧羅札諾夫 (В. Розанов, V. Rozanov, 1856—1919)、П‧司徒盧威 (П. Струве, P. Struve, 1870 —1944)等。

　　身處俄國文化復興高潮中，別爾嘉耶夫特別感受到宗教意識的勃興。與梅列日科夫斯基的接近使他過去的宗教意識進一步發展起來。在1907年冬去巴黎遊歷回國後定居於莫斯科時，便積極參加了

---

❼　梅列日科夫斯基：俄國作家、哲學家、象徵主義詩人。1922年流亡國外。

❽　別爾嘉耶夫：《自我認識》，雷永生譯，上海三聯書店，1997，第133頁。

❾　布爾加科夫：俄國經濟學家、宗教哲學家、神學家。1922年流亡國外。

為紀念弗・索洛維約夫而建立的「宗教－哲學協會」的活動。一個時期以來，「宗教－哲學協會」非常活躍，成為異常出名的組織，公開舉行報告會、辯論會；除了莫斯科，在彼得堡、基輔等地也都成立了「宗教－哲學協會」。對別爾嘉耶夫來說，莫斯科的「宗教－哲學協會」比彼得堡的文學團體更有吸引力，他強烈地嚮往宗教的嚴肅性和宗教的現實主義，他要探索宗教的奧秘。他主動去接近東正教，但不是為了作一個教會的忠實信徒，而是為了研究它的神學。

懷著這樣的信念，別爾嘉耶夫在莫斯科期間重新而更加認真地閱讀索洛維約夫、涅斯梅洛夫(M. Несмелов, M. Nesmelov, 1863－1920)❿和霍米亞科夫(A. Хомяков, A. Homiakov, 1804－1860)⓫的著作。索洛維約夫關於「神人」(Богочеловечество)的思想極受他的重視，他認為這是俄羅斯宗教思想的基本觀念。涅斯梅洛夫的著作《論人的科學》給他留下很深的印象，因為它的內容與別爾嘉耶夫的人類中心論非常一致。霍米亞科夫關於「自由是基督教和教會的基礎」的思想則使他感到很親切，他認為霍米亞科夫和陀思妥耶夫斯基一樣，都是宗教自由的倡導者。由此可以看出，別爾嘉耶夫當時已經形成了自己基本的宗教哲學思想：宗教意識的基礎不是上帝中心論，而是人類中心論；人的本性是自由，這是上帝所賦予人的，所以自由與生俱來，所以，上帝不但不壓抑人的自由，而且宏揚這種自由；人類只有在自由的創造中才能達到與上帝的一致。

---

❿ 涅斯梅洛夫：俄國宗教哲學家，存在主義的先驅之一，研究過人類學問題。

⓫ 霍米亞科夫：俄國宗教哲學家、作家、詩人、政論家，斯拉夫派的創始人之一。

　　儘管這一時期，別爾嘉耶夫的思想異常緊張活躍，思想收穫異常豐富，但直到1910年之前，他一直沒發表什麼大部頭的著作。他還在觀察、思考、探索。在這裏，特別引起我們興趣的是他對俄國當時的總的形勢的分析以及他在一些文章、講話中提出的預言。這些預言後來被現實所充分地證實了，這實在是令人異常驚奇的事。

　　別爾嘉耶夫高度評價俄羅斯的文化復興運動，認為它是俄國文化史上最輝煌的時期之一，是哲學、文學、藝術經歷了衰落時期之後的創作高潮時期。詩人們和哲學家們都預感到俄羅斯的大變動將要發生，這將是一次悲壯的歷史轉折，這次轉折將是舊的俄羅斯帝國的末日，也是偉大的期望的實現，宗教哲學家們相信它將是上帝的「千年王國」的實現，所以，這既是上帝審判的日子，又是大災禍、考驗和苦痛之後來臨的、隆重的、上帝正義實現的日子。幾乎每個知識分子都在思考，都在探索，這是思想解放的時代，出現創作的高潮是必然的。各種思想、各種風格、各種形式五彩繽紛，五顏六色，五花八門；既有肯定的，又有否定的；既有積極的，又有消極的；有未來的曙光，也有對災難的恐懼，有時甚至出現各種迷惑與混亂。即使如此，這次文化復興運動也是俄羅斯大地上空前的壯舉，它從文化上瓦解了舊的帝國。

　　然而，別爾嘉耶夫又清醒地看到，這個壯舉卻被局限在狹小的領域之中，它是脫離廣泛的人民運動的。我們在前面提到的精英文化與革命文化之間的斷裂，很早就被別爾嘉耶夫敏銳地捕捉到了。他分析說，在社會的高層文化與低層文化之間出現了極深的斷裂，儘管二者都是反對舊的帝國的。從19世紀60年代以來，小部分知識分子中的虛無主義滲透到廣大民眾中間，由此而逐漸形成了具有特點的民眾文化。知識分子中存在的淺薄思想在這種文化中佔了上

風，而新穎的、深刻的創造則被推到了後面。這種情況對即將來臨的大革命產生了嚴重的影響。革命要依靠廣大民眾進行，而民眾接受的是虛無主義教育、物質利益、經濟利益高於精神文化的教育、功利主義教育和無神論的教育，那麼，革命只能在這種文化層次上發動群眾，並在這種淺層文化的旗幟下進行。這就必然使未來的革命排斥高層文化和高層知識分子即文化精英，並在革命後不能有正確的發展文化的方針。因此，當時別爾嘉耶夫就預言，由於在整個世紀所準備起來的未來革命中，俄國知識分子中淺薄思想佔了上風，因而即將來臨的俄國大革命儘管在政治上、社會上是進步的，而在精神上、文化上則是反動的，因為它的思想體系在精神上是落後的。當一些知識分子盲目樂觀地高論俄國的大革命將是自由與人道的勝利時，別爾嘉耶夫則清醒地預言：當真正的俄國革命發生時，勝利者將是布爾什維克。

別爾嘉耶夫決不是輕率地作出這種預言的，當人們看到他對於俄國革命前精英文化階層與革命文化階層的斷裂的更加深入的分析時，就會更信服他的預言，而不是將他看作一個巫師。

別爾嘉耶夫將俄國革命前的現象與法國大革命相比較，指出二者是如此之不同：法國大革命中，革命活動家們都站在當時先進文化思想的高峰之處，所以他們既是革命活動家，又是文化活動家，而俄國準備革命時期的革命活動家則沒有站在當時先進的文化思想的高峰，使他們振奮起來的是俄國的虛無主義和唯物主義，他們不關心文化復興提出的問題，不關心列・托爾斯泰、陀思妥耶夫斯基、索洛維約夫、費奧多洛夫(H. Федоров, N. Fedorov, 1828－1903)⑫和20世紀初的思想家們，他們僅只滿足於赫爾岑、車爾尼雪夫斯基

---

⑫　費奧多洛夫：俄國空想主義宗教思想家。

和皮薩列夫(Д. Писарев, D. Pisarev, 1840－1868)❸，從文化上來說他們沒能高出於普列漢諾夫，更沒能高出於馬克思的辯證法。他們用膚淺的世界觀去引導民眾，文化水平極低的民眾很容易接受這種淺層的文化，並由其指引去進行革命。這樣，也就必然導致了布爾什維克的壯麗。反過來說，對於沒能用自己的創造性思想吸引廣大民眾的精英文化及文化人來說，革命將是一場浩劫。這些知識分子從文化上摧毀舊帝國的行動最後將是完成了自殺行為。這是俄國歷史發展的必然，是在政治上、社會上完成革命所必須付出的代價！

精英文化階層與革命文化階層的深刻斷裂還有意識內容上的原因。19世紀末－20世紀初，俄國文化界上層為狄奧尼索斯（酒神）精神所吸引，詩人們、藝術家們要尋找那遠離現實的東西所具有的美，要體驗這種美所產生的激情，酒神精神行進在俄國大地上，酒神主義成了時髦。這些人很少關心現實的經驗的問題，甚至不關心超驗的烏托邦問題，在他們這裏，愛神戰勝了邏各斯（理性），道德問題被擠出視野之外。這種迷狂的，甚至頹廢的色彩使精英文化更加脫離人民。當革命即將來臨時，道德上的善惡問題上升到了社會的首位，而文化界的上層卻對它漠不關心。相反，革命活動家倒總是緊緊抓住這個問題，以論證革命的合理性。

總之，別爾嘉耶夫認為，不論從內容上說還是從形式上說，精英文化都是脫離人民、遠離現實的，而革命文化卻是貼近人民、貼近現實的，這樣形成的斷裂不僅是深刻的，而且是無法彌合的。最後，必然以犧牲精英文化來完成革命。

別爾嘉耶夫所以能得出這種相當準確的預言，與他既參與文化

---

❸ 皮薩列夫：俄國政論家和文藝評論家，唯物主義哲學家和空想社會主義者，革命民主主義者。

復興運動又不完全陷入此運動有關。儘管他與文化復興的許多代表人物有很多的交往，但他保持了自己的獨立性。儘管他參加文化復興的許多活動和工作，但他並沒有完全融合到這個運動當中。他對許多人、許多事都有自己獨立的看法，對一些代表人物的虛弱之處看得比較清楚。同時，他過去曾經積極參加馬克思主義者的活動，對馬克思主義者和社會民主黨人領導的民眾運動也深有瞭解，所以他才能從綜合分析中得出自己的獨特見解。這也並非偶然。

　　不過，別爾嘉耶夫對於文化復興運動的前途的看法也不完全是悲觀的，他雖然說這個文化運動及其代表人物必然遇到劫難，但同時也從歷史發展的大趨勢預言：20世紀初創造精神高漲時期的成果是不可能消滅的，很多東西都將保留下來，並將在未來重新復興起來。歷史恰恰也證實了他的這一預見。

第四章 宗教的體驗

在俄羅斯文化復興大潮中，別爾嘉耶夫逐漸深化了自己的宗教體驗，這並非偶然，這首先是他內在的宗教情感的昇華，同時也是他對俄羅斯宗教(包括官方的東正教和各種民間宗教) 進行深入考察的結果。

一、對世界奧秘之嚮往

從宗教傳統來說，別爾嘉耶夫的家庭是很特別的。他的父親的宗教情感很淡薄，他在思想上傾向於伏爾泰式的自由主義，有濃厚的自然神論的成分。甚至在家裏經常嘲笑天主教，以致引起篤信天主教的別爾嘉耶夫的母親的強烈抗議：「亞歷山大，你再這樣，我就走了！」 不過，別爾嘉耶夫的父親的伏爾泰主義並不能主宰這個家庭，因為除他以外幾乎全家人都受到傳統宗教的影響，不僅別爾嘉耶夫的母親是虔誠的天主教徒 (這要追溯到她的親屬的法國傳統)， 而且別爾嘉耶夫的祖母也是一個修道士，還是在她的丈夫去世以前，她就秘密地剃度了，後來一直居住在建有許多教堂和修道院的基輔老城。她去世時穿著修道士的服裝並按修道士去世的儀式

下葬。別爾嘉耶夫家族的男子們雖然不如這些女士們那般的虔誠，因為他們都是勇武的軍人，但大多數也還是正統的東正教信徒，別爾嘉耶夫的父親可能只是個例外。（別爾嘉耶夫的哥哥也有強烈的宗教情緒，有時甚至相信通靈術。）只不過這個例外對別爾嘉耶夫的影響卻是不可忽視的。

別爾嘉耶夫自小在這種具有一定衝突的環境中長大，宗教氣氛的薰陶使他具有神秘主義的氣質，但這種氣質不是呆板的，不是對神秘之物的奴隸般的順從，而是對世界奧秘的眷戀和自由探索。這種特別的氣質使他在武備學校的宗教課考試中得了 1 分，同樣，也是這種氣質又使他在具體的可感世界之後去尋覓不可見的世界，在可感的事物之後去探索其更隱秘的意義，在物質的器物之上去窮究其精神的根據。他曾這樣談到少年時代的這種感受：我「在『這個世界』體驗到的不是真正的，不是第一性的，也不是最終的。還存在著『另一個世界』，更加現實的和真正的世界，『我』的深處屬於它。在列・托爾斯泰的藝術作品中經常把虛假的、有條件的世界和真正的、上帝的世界對立起來。……對我來說，想像和理想的作用是和這個課題相聯繫的，現實與理想是對立的，但在某種意義上說，理想比現實更具現實性。」 ❶可見，這是他從少年時代就具有的特質。這種特質隨著年齡的增長而愈益發展，導致他與馬克思主義唯物主義的衝突，並使他從唯心主義走向宗教。也就是使他「集中精力於先驗的世界，集中於超越這個世界的界限」❷。

在別爾嘉耶夫看來，這個現實的「此岸世界」是墮落的、醜惡

❶ 別爾嘉耶夫：《自我認識》，雷永生譯，上海三聯書店，1997，第19–20頁。

❷ 同❶，第28頁。

的、異己的世界，又是暫時的世界，鄙棄「此岸世界」而去追求高
尚的、美好的、親己的「彼岸世界」，就是追求「永恆」。尼采藉查
拉斯圖拉之口表白說：「我愛你，永恆。」別爾嘉耶夫則宣稱：「我以
全部生命對自己講這句話。」❸就此看來，別爾嘉耶夫是將上帝視為
自己追求的理想，上帝不僅是道德的化身，而且也是理想世界的化
身。他後來之轉向宗教，並非是什麼「被壓迫生靈的嘆息」（馬克
思語），而是他無法抑制的社會責任感、尋根究底的探索精神和深邃
的哲學世界觀使然。

二、深入於俄羅斯的宗教（上）

　　說來也怪，當別爾嘉耶夫在其宗教情緒濃厚的家庭生活時，並
沒表現出多少對俄羅斯宗教的興趣，而當他幾乎脫離了這一環境之
後，對俄羅斯的宗教的興趣卻大大地濃厚了起來。

　　在文化復興的潮流中，別爾嘉耶夫原有的宗教神秘主義氣質進
一步發展起來，原先的潛意識現在變得清楚明白了：「我的第一性
的信仰是固有的，不可動搖的。我有宗教體驗，這種體驗很難用語
言表述出來，我沉醉於深處，在奧秘的世界，一切奧秘存在的面前
生長著。每一次對我具有穿透性的刺激都使我感覺到，世界的存在
不可能是自我滿足的，不可能在它之後沒有大的深刻的奧秘、神秘
的意義，這個奧秘就是上帝，人類不能發明更高的詞了。只能在表
面上否定上帝，在深處否定它是不可能的。」❹篤信上帝，這是俄羅
斯民族深厚的傳統，現在別爾嘉耶夫親身感受到這種傳統了。不過，

---

❸　同❷。

❹　同❶，第179─180頁。

他對這種傳統的現實體現──俄羅斯東正教，卻既沒有很深入的瞭解，也沒有太多的好感。

為了更切近地瞭解俄國的東正教，別爾嘉耶夫在遷入莫斯科之後，便通過已經轉向東正教的布爾加科夫，與他「過去曾格格不入的」東正教團體會晤了。他積極參加了 M·諾沃謝洛夫 (M. Новоселов, M. Novoshelov) 為中心的東正教團體的集會，積極地參加辯論，「關心這個世界」，「真誠地想洞察東正教的奧秘，希望找到比彼得堡文學團體那裏更多的嚴肅性。」 但是，他失望了，因為他在這裏看到了過多的教權主義和禁欲主義。儘管諾沃謝洛夫本人具有淵博的學識、慈善的心腸，甚至還有反對教會從屬於國家的反抗意識，但是他那強烈的禁欲主義和保守主義使別爾嘉耶夫感到窒息，他對索洛維約夫的輕蔑也使別爾嘉耶夫不能容忍。這個團體中氾濫著狹隘宗教宗派主義和敵視科學文化的濃重情緒，有一次，在討論關於「比較宗教史」的提綱時，莫斯科精神科學院院長菲多爾 (Федор, Fedol) 主教激烈地說：「為什麼比較宗教史這樣有吸引力？靈魂的拯救與滅亡都是為了永恆的生命，當我們這樣講的時候，所謂的宗教史是什麼，所謂的科學又是什麼？」 這些話給別爾嘉耶夫以強烈的震撼：「這是傳統的敵視知識、科學、文化的、修道士禁欲主義的東正教的聲音，這是蒙昧主義，聽了它我直發抖。」 過去那種格格不入的感覺又回來了，別爾嘉耶夫下定決心：「我是不可能走這條道路的。」❺

東正教團體的閉關自守、保守主義、禁欲主義雖使別爾嘉耶夫厭惡，使他覺得他們背離了真正的基督教精神，但他並沒有終止對東正教的深入探究。他隨著一批正在返回東正教的知識分子去造訪

---

❺ 同❶，第181─182頁。

著名的修道院，想去看看被人們尊為精神導師和領袖的長老們的神秘生活，傾聽他們的教誨，以期獲得深刻的啟示。一行人包括布爾加科夫、弗洛連斯基(П. Флоренский, P. Florenski, 1882—1943)等訪問了奧吉諾依修道院和佐西其夫修道院，他們向幾位長老懺悔，長老們也給予了諄諄教導，但這一切同樣使別爾嘉耶夫大失所望。因為他們所教導的仍然是保守主義、禁欲主義的陳詞，沒有任何富有創造性的內容，甚至完全找不到別爾嘉耶夫所關注的東西。我們的哲學家產生了非常沉重的感覺，他敘述道：「一清早，我站在佐西其夫修道院的賓館前面，看那落下的潮濕的雪，我出現了憂鬱的情緒，體驗到由於艱難和矛盾的精神命運所帶來的憂愁。我完全準備為自己很多的罪孽悔過，並且克制自己，但是，我不能克制自己對新精神的探求，不能克制自己的認識，不能克制對自由的熱愛。」「我經歷著危機、震盪，我企圖在精神體驗中進行創造。」❻但現存的東正教不能滿足別爾嘉耶夫的需要，不能解決他遇到的困難。他依照原始基督教精神和自己的哲學世界觀所理解的東正教與現實的東正教存在著驚人的差距，這使他震驚，使他清醒，也使他深思。後來的事實證明，他並沒有拋棄東正教，而是創造新的宗教哲學，力圖改革東正教。

三、深入於俄羅斯的宗教（下）

作為自由思想家，別爾嘉耶夫對俄羅斯宗教的深入不僅限於與東正教的接近。當時的俄羅斯，除了正統的東正教之外，還存在形形色色的民間宗教派別，對這些宗教派別，別爾嘉耶夫都不帶成見

❻　同❶，第182—183頁。

地盡量加以接觸和瞭解，這也是他與當時許多轉向宗教的知識分子不同之處(別爾嘉耶夫曾邀請阿・別雷(А. Белый, A. Belyi, 1880—1934)參加民間教派的討論，後者則堅決拒絕)。

　　一向主張宗教寬容的別爾嘉耶夫饒有興趣地參加民間教派集會，他稱這些教派為「新的人民尋神派團體」。在莫斯科居住時期，他幾乎每週日都光臨靠近弗洛爾教堂或拉夫爾教堂的小酒館，細心傾聽並參與這些教派的討論。聚會於這些地方的教派非常之多，有不朽派、洗禮派、各種類型的福音派、反正教儀式派、隱蔽的鞭笞派以至托爾斯泰主義者，有時還有東正教的傳教士參加。與造訪東正教團體和修道院不同，這種集會常常使我們的哲學家很興奮，因為「一般地說座談達到相當高的水平，這是神秘主義的努力，是複雜化的和深化的宗教思想，是對真理的熱烈探求。對於研究俄羅斯人民，這些集會是非常有價值的。」❼民間教派不像官方教會有那麼多的清規戒律，他們在思想上比較自由，所以常常能在某些問題上提出新穎而大膽的見解，比如不朽派對死亡問題的理解，某些派別對二元論的觀點等，這使別爾嘉耶夫受到一定的啟發。在這種集會上「最可憐的」是東正教的傳教士，他們那一套保守主義的老生常談只能令人生厭。

　　別爾嘉耶夫儘管從整體上並不贊同這些教派的思想，但他喜歡這種自由的探討，很高地評價這些教派代表的水平，認為它是發展與改革東正教所必須的。唯一使他難以忍受的是各個教派的那種「唯我獨真」的態度，「每個教派的代表都自認為是絕對真理，而其他教派則是錯誤與荒謬。」❽有的教派代表甚至對別爾嘉耶夫說：「如

---

❼　同❶，第192頁。

❽　同❼。

果想知道真理，那就邀請我對你講！」別爾嘉耶夫認為，這種宗派主義是「教派分化運動的沉重方面」，它嚴重地障礙了教派分化運動的健康發展。

後來，莫斯科的民間教派的集會被警察禁止，官方的東正教無力和民間的教派運動作鬥爭，它只能對之禁止和迫害。但這並沒中止別爾嘉耶夫與民間教派代表的往來，在他母親家的莊園裏，他與這些代表的交往和交流更加深入了。

在那些年，每到夏天，別爾嘉耶夫就到他母親家的莊園（位於哈科夫斯基省靠近柳博京的地方）去。他們的鄰居布・阿・舍爾曼 (B. A. Шеерман, V. A. Sheelman) 是個托爾斯泰主義者，他組織了托爾斯泰式的群體，這是類似精神公社的鬆散的群體。那裏不僅有托爾斯泰主義者，而且有民間的各種教派的代表，有的人甚至不屬於任何教派，只是以自己的方式獻身於拯救世界的獨行者。這些人並不長期居住在舍爾曼的莊園，他們只是在這裏休整一下然後走向高加索，最後生活於被視為神聖之地的高加索山。這是一批為了自己的信仰而在俄羅斯大地雲遊的虔誠信徒。通過舍爾曼，別爾嘉耶夫與這些人建立了持續的、友好的關係。

在與這些雲遊者的交往中，特別令別爾嘉耶夫興奮的是他們對真理的無畏追求和為真理獻身的精神。這是些突破了官方東正教的狹隘圈子與死板教條的束縛的人，他們的共同主張是：拯救依賴於真理，因此，探求真理是完全正當的甚至是崇高的行為；只有探求真理才能建立真正的信仰，才能真正與上帝相通，而教會的那一套陳規舊習並不是重要的。別爾嘉耶夫認為這些雲遊者實際上是「宗教無政府主義者」，對他們的精神及活動給予了極高的評價，甚至說：「我遇到的所有這些尋求在上帝懷抱中的虔誠生活的人都是革

命者，雖然他們的革命性是精神上的而非政治上的。」❾這些人沒有利己主義者的欲求，沒有物慾生活的貪圖，極為虔誠，又極為善良，一心撲在追求真理的事業上。不論是農夫，還是藝術家，作為一個人，他們都是清純的、高尚的，所以別爾嘉耶夫說：「回憶與這些人交往的這些年頭，就好像是我的生活中最好的日子，這些人就是我生活中所遇到的最好的人。」 比起那些墮落的、繼承了貴族老爺習氣和利己主義的、追求生活舒適的作家和哲學家來，「在心靈深處，我更嚮往他們」。 後來，他經常回憶起在這裏度過的「那些快樂日子」❿。

與俄羅斯民間教派人士的接觸，使別爾嘉耶夫更加強了原有的宗教無政府主義傾向，加強了改革東正教的決心。同時，這也體現了別爾嘉耶夫的人格特徵：他雖出身貴族，而且一直不能脫去一身的貴族氣派，一直努力向更高、更深層的文化攀登，同時，又「向下觀照，同情憐憫塵寰中的一切」⓫，尊重任一個體的人格，善於接近下層群眾，善於從他們中吸取營養。

四、與東正教會的衝突

深入俄羅斯東正教所獲得的印象與別爾嘉耶夫的宗教體驗大相逕庭。他參加東正教會的大的集會，不但不能使靈魂得到淨化，反而認為「參加這種集會的所有人都會得到這種印象：東正教會和

---

❾ 同❶，第195頁。

❿ 同❶，第197頁。

⓫ 別爾嘉耶夫：《人的奴役與自由》，徐黎明譯，貴州人民出版社，1994，第4頁。

反動派、保守派、君主專制制度、『黑邦』思潮有著密切的聯繫。」⓬
他造訪教會的某些團體和修道院，不但沒使思想昇華，反而愈加感
到憂鬱和壓抑。革命前的這幾年，正是他的自由和創造哲學醞釀和
形成時期，東正教的現狀與他的世界觀、他的理想和追求產生了尖
銳的衝突，特別是教會人士常常把東正教會與君主專制制度緊緊地
綁在一起，以致認為君主專制制度的覆滅就是東正教的覆滅；而在
教會內部，他們堅持的所謂正統觀念，也是君主專制制度陰影下的
觀念，他們把上帝看作專制獨裁的君主，把上帝與人的關係想像為
君主與奴隸的關係。這使別嘉耶夫非常反感，也非常痛苦。他說：
「我的宗教悲劇首先在於，對於通常的、正統的上帝概念和上帝與
人的關係的概念的體驗使我異常痛苦。我不懷疑上帝的存在，然而
我在某個瞬間會在頭腦中出現可怕的思想：如果他們，正統思想者，
社會學地思考上帝與人的關係，把它看作如統治者和奴隸的關係一
樣，他們是正確的嗎？」⓭在艱難的思想苦鬥過程中，他萌生了改革
東正教的念頭，萌生了在其哲學世界觀基礎上創建新的宗教哲學的
念頭。他認為這種工作具有重大的意義，它是要恢復被東正教會中
斷了的俄羅斯民族的精神傳統，是要繼承和發揚索洛維約夫的宗教
人道主義精神，以使俄羅斯東正教得到改造，並適應新的時代。

　　這樣大膽的設想，這種創造的意向，使別嘉耶夫不僅在革命
前與教會發生尖銳的衝突，而且在被驅逐出境後受到境外僑民教會
的歧視與攻擊。別嘉耶夫的真理之路布滿了荊棘。

　　麻煩很快就來了，而且是大麻煩。「由於在阿弗恩的贊名派⓮

⓬　同❶，第198頁。

⓭　同❶，第201頁。

⓮　贊名派：1910－1912年產生於希臘舊聖山的一些正教修道院的教派。

（他們採用俄國的官階制度和外交手腕）之事，我寫了怒氣沖沖的文章〈精神的摧殘者〉來反對主教公會。我對東正教的名稱沒有特別的惡感，但是我對在精神生活中使用暴力感到憤怒，對俄羅斯主教公會的卑下、非精神性感到憤怒。刊登這篇文章的報紙被沒收。我因瀆神罪而被審，並被判流放西伯利亞。我的律師認為我的事情沒有指望了。但由於戰爭，不可能傳喚所有的見證人，事情被放在一邊。這樣，事情拖延到革命，而革命則中止了這件事。」 多麼危險，我們的主人公險些在地凍天寒的環境中度過自己憂鬱、沉思的一生。後來他回憶說：「如果沒有革命，我也不會在巴黎，而是在西伯利亞永久流放。」❶這句話包含著雙重含意：沒有革命，別爾嘉耶夫會被流放到俄羅斯的東方；沒有革命，別爾嘉耶夫也不會被驅逐出俄羅斯。

那麼，別爾嘉耶夫又是怎樣被紅色政權驅逐出境的呢？讓我們翻開歷史的另一頁。

與正統正教不同的是，它主張人只可讚頌神的名字，不可讚頌神本身。讚名派被希臘教會革除，逐到俄國。

❶ 同❶。

第五章　紅色政權下的抗爭

正如1904年別爾嘉耶夫在一篇文章中所預言的：布爾什維克必將取得革命
的勝利。1917年的十月革命決定了俄羅斯今後七十多年的命運，並對世界
歷史進程產生了巨大的影響。同樣，紅色政權的建立，也使別爾嘉耶夫一
生出現了重要轉折。他與紅色政權從相互觀察、相互等待發展到發生不可
調和的衝突，直到被趕出祖國，這就是別爾嘉耶夫在紅色政權下五年生活
的軌跡。

一、紅色政權的期望

　　我們有充分的根據證明紅色政權原來對別爾嘉耶夫是抱有一
定的期望的，這種期望不僅是在政治上擁護新的紅色政權，而且是
在思想上放棄唯心主義立場而站到馬克思主義方面來。為了爭取別
爾嘉耶夫為新政權服務，最初當局不僅給予他特殊待遇，而且對他
的活動給予很大的寬容。

　　這種情況首先是由大環境決定的。當時，布爾什維克的精力集
中於政治和經濟，還無力進行文化領域的「改造」。也就是說，在

文化上的「無產階級專政」還得經過一些時日才能建立起來。這樣，在這一領域暫時出現了比較自由的局面。政府對文化、藝術、出版以及言論自由方面的控制還比較鬆。再加上一些在布爾什維克黨內佔有重要地位而又重視文化和知識分子的人，如高爾基(M. Горький, M. Gorky, 1868—1936)、加米涅夫 (Л. Каменев, L. Kamenev, 1883—1936)、盧那察爾斯基等的努力，使得高級知識分子受到一定的尊重和照顧。在這種大環境的背景下，別爾嘉耶夫本人在文化界的聲望和影響（他當時是全俄作家協會副主席）必然引起當局的關注，在列寧(В. Ленин, V. Lenin, 1870—1924)的改造舊的知識分子為新政權服務的方針指導下，爭取別爾嘉耶夫也是題中應有之義，何況別爾嘉耶夫並不在政治上反對紅色政權，甚至早就預言過布爾什維克的勝利！

　　十月革命後不久，蘇維埃政府就邀請別爾嘉耶夫以社會活動家的身份參加「預備議會」，這是很了不起的政治待遇。他仍住在那所祖傳的住宅裏，他的居室和圖書室原封不動，甚至還掛著先輩將軍們的肖像，因為他有政府的保護證書。他不僅得到政府發給科學家的配給品，還得到政府給予20名著名作家的特殊配給品，成為在極端艱難時期在食物方面有特權地位者之一。1918年，他創建「自由的精神文化科學院」，當局予以註冊；1918年，他又被選為最高學府——莫斯科大學歷史與哲學系教授。當他以作家協會副主席的身份為救他的會員出獄或討回住宅時，一些大人物（加米涅夫、盧那察爾斯基等）也都予以協助。

　　以上種種表明，紅色政權對爭取別爾嘉耶夫表現了不小的耐心，作了相當的努力。但是，隨著時間的推移，別爾嘉耶夫與紅色政權的矛盾卻不但沒有緩和，反而愈益發展，這的確出乎布爾什維

克的意料之外，同時，這也充分體現了別爾嘉耶夫的獨特人格。

二、別爾嘉耶夫的「一意孤行」

　　別爾嘉耶夫不僅預言了革命的結果，而且在革命中親身感受到這個預言的實現過程，布爾什維克的力量在不斷強大，它超過了其他的所有革命力量，最終奪取了政權。別爾嘉耶夫認為，沙皇俄國君主專制制度已經腐朽，革命是必然要發生的。「舊的被稱為神聖的俄羅斯的歷史本質瓦解了，應當出現新的本質」，但是，「關於這個新的本質還什麼也說不出來」。不僅如此，他甚至認為：「俄國革命站在命運（劫數）的旗幟下，它不是自由的事業和人類自覺的行動。」「革命再次證明了俄羅斯命運的痛苦。它的不幸不在於它是提前的，而在於它是遲到的。俄國革命是戰爭的產物，由此決定了它的性質。在革命中存在的不幸的事件，都是在戰爭中已經發生過的。在俄羅斯，整個世紀都在準備革命，用各種類型的革命運動作準備。不過，直接的革命卻是沒有準備好的。君主專制制度與其說是被推翻的，不如說是自行瓦解和自己崩潰的。」布爾什維克參與了革命的準備，但是不能由於它奪取了政權就認為革命的準備全是由它作的，「與其說布爾什維克準備了革命的轉變，不如說他們利用了革命的轉變。」❶

　　對俄國革命的這種看法與官方的布爾什維克的看法真是南轅北轍，布爾什維克一直認為只有自己才是革命的真正代表和領導者，資產階級、小資產階級（包括農民）都是反動的，知識分子大部分

---

❶　別爾嘉耶夫：《自我認識》，雷永生譯，上海三聯書店，1997，第219—220頁。

是不可靠的。在十月革命的激烈鬥爭中，由於對無產階級專政看法上的分歧，布爾什維克幾乎將一切不同意無產階級專政的人都視為反革命派，並且極力貶低以致抹煞其他階級、黨派、集團和個人在準備俄國革命方面的功績。同時，布爾什維克又以決定論論證自己勝利的歷史必然性，這種論證與別爾嘉耶夫所預言的布爾什維克勝利的根據也風馬牛不相及。

由上述可以看出，不僅在哲學世界觀上別爾嘉耶夫的唯心主義與布爾什維克的唯物主義不相容，而且在政治思想上、文化觀點上二者也存在根本的分歧。至於他所持的布爾什維克政權將會走向極權統治的觀點，當然更會引起布爾什維克的激烈反對。

在這種情況下，布爾什維克爭取別爾嘉耶夫的努力能否成功，關鍵在於別爾嘉耶夫能否放棄自己的政治、哲學和文化觀點，進行「脫胎換骨」的改造，以達到在政治上、思想上與布爾什維克的一致。

但這是不可能的。

別爾嘉耶夫是一個視真理如生命的人，在沒被說服以前，他不會放棄自己的任何觀點。在世界觀上他已經形成了人格主義、存在主義的觀點，視個人的人格、主體性為最珍貴，豈肯放棄而從他！同時，更重要的是，他之堅持己見還在於，他覺得革命後的狀況恰好印證了他原先的預見。比如他看到原先的朋友自從當了紅色政權的官員之後，很快變成新的官僚、新貴族，不僅他們的服飾、面孔、表情發生了變化，而且表現了殘忍性和傲慢態度，甚至連過去生死與共的朋友也變得陌生了。這些人在別爾嘉耶夫看來是「被剃得光滑的、規整的、進攻的和積極的。他們和準備革命時期的老的俄國知識分子很少相似之處」❷。這使他感到沉重和悲哀，也更加堅定

了他的信念。

　　十月革命以後，別爾嘉耶夫不論在作家協會、自由的精神文化科學院，還是在莫斯科大學以至各種集會上，都是相當活躍的。他寫的很多，幾年裏寫完四本書，包括最重要的《創造的涵義》；講的也很多，在社會上頗有影響。特別是他的演講深入淺出，受到熱烈歡迎。有的時候，開始演講時，不少人抱對立情緒，提問題、吹口哨，但他講著講著會場就靜下來，到演講結束時，竟然爆發出熱烈的掌聲。演講後許多人與他握手，向他表示感謝。他利用各種場合，積極宣傳他的觀點，這些活動實際上是在文化上與布爾什維克進行的戰鬥。對此，他也有充分的自覺：「我和共產主義進行了不是政治的，而是精神的鬥爭，這是反對它的精神的鬥爭，反對它對精神的敵視的鬥爭。」他與那些力圖在政治上復辟的反動派不同，而且堅決反對外國的武裝干涉，他表述自己的政治態度時說：「我完全不是贊成復辟者，我完全希望舊世界終結，認為任何復辟都是不可能的和沒有成功希望的。……在俄羅斯命運問題上，我敵視所有的外國干涉者和少數外國人。」❸但是，在文化上他是反對共產主義和布爾什維克的，他認為革命的成功是以文化的摧殘為代價的，因而，十月革命在政治上雖然合理，而在文化上則是不合理的；共產主義將走向極權，走向反人道主義，所以「共產主義不僅是基督教的危機，而且是人道主義的危機」；共產主義對文化的摧殘特別表現為迫害知識分子，「俄國革命對俄國知識分子不知感恩，知識分子曾為它作了準備，但它卻對知識分子進行迫害，把他們拋入深淵，它將所有古老的俄國文化打入深淵。」❹這些決定了新生的紅色政權

---

❷　同❶，第223頁。

❸　同❶，第223—224頁。

必將走向極權主義。

儘管紅色政權給予別爾嘉耶夫一定的禮遇和寬容，但別爾嘉耶夫卻從總體上認為布爾什維克的文化政策是扼殺精神自由的，而這是他所不能容忍的。那些在新政權之下急速地改變自己的立場、觀點的知識分子受到別爾嘉耶夫最大的輕蔑，他決不會步此後塵。

一方期待對方「脫胎換骨」，一方卻毫無「悔改」，用馬克思主義的話說，矛盾無法轉化。但一方是強有力的政權，一方則是孤單的知識分子。別爾嘉耶夫的未來肯定是不會美妙的。

三、「永遠驅逐出境」

從具體的事情來說，別爾嘉耶夫在許多方面都與紅色政權不協調，以致發生衝突。其中最重要的衝突是關於「自由的精神文化科學院」的事情。

這個民間機構是別爾嘉耶夫一手操辦起來的，在創辦它的動機中就包含著與紅色政權衝突的重要因素。對此，別爾嘉耶夫是這樣講的：

> 在布爾什維克革命的自發性中，在它的創造（它大於破壞）中，我很快就感覺到了精神文化所要遭到的危險。革命不寬容精神文化創造者，懷疑甚至敵視精神的價值。……世界觀（按：指非馬克思主義世界觀）不僅不被承認為精神的存在和精神的主動性，而且把精神看作實現共產主義制度的障礙，看作反革命。革命推翻了20世紀初俄國的文化復興，轉變了

---

❹ 同❶，第224頁。

它的傳統。但是與俄國精神文化相聯繫的那些人依然故我。
我萌生了這樣的想法：必須把過去精神文化的活動家集中起
來，並且創立一個中心，以便繼續進行俄羅斯精神文化生活。
它不應當是「宗教—哲學協會」的恢復，聯合應當是更加廣
泛的，包括承認精神文化的獨立性和價值的不同派別的人
們。❺

布爾什維克要用無產階級的世界觀——馬克思主義統一全國人民的
思想，肅清「地主階級」、「資產階級」、「小資產階級」（它對哲學
與世界觀都嚴格地用階級界定）的世界觀，別爾嘉耶夫卻要承認各
種世界觀的精神文化價值；布爾什維克要「改造」舊的精神文化的
創造者，別爾嘉耶夫卻要他們集中起來，繼續俄羅斯的文化創造活
動；布爾什維克推崇無神論，別爾嘉耶夫卻要承認宗教的文化意義；
等等。儘管當局批准了「自由的精神文化科學院」的建立，但這個
科學院以及它的發起人、創辦人和主席別爾嘉耶夫與紅色政權的衝
突難道是可以避免的嗎？

「自由的精神文化科學院」成立於1918年，存在了三年，當別
爾嘉耶夫於1922年被驅逐出境之後便關閉了。由於它是民間機構，
所以並無固定的地址。它在不同的地點舉行公開的報告會、演講會、
課堂討論、公開辯論。它的影響愈來愈大，以致後來契卡❻派出人
員出席會議，對其進行偵查。有一段時間它在國家設立的「酒精研
究中心」舉行報告會和課堂討論，《真理報》公開指責說：在蘇維
埃機關裏作關於宗教—精神問題的報告是不能允許的。並且諷刺地

❺　同❶，第229頁。

❻　契卡：Чека，即全俄肅清反革命委員會。

說在宗教與酒精之間永遠存在著聯繫。為了此事，別爾嘉耶夫和「酒精研究中心」的負責人都被傳喚到契卡。經過說明並出示加米涅夫證明精神文化科學院已經正式註冊的條子，這件事情算過去了。但別爾嘉耶夫知道這只是麻煩的開始。

1920年，由於所謂「策略中心」案，別爾嘉耶夫被契卡逮捕，其實他與這個案件無任何關係。被捕的人很多，契卡對他們分別進行審訊。有不少人在被審時由於恐懼而誹謗自己，結果他們的供詞成了定罪的根據。別爾嘉耶夫冷靜而堅定地對待這些審訊，即使面對契卡的最高長官──捷爾仁斯基 (Ф. Дзержинский, F. Dzeljinsky, 1877－1926)，他也沉著地說：「我打算直接說出我所想的東西，這是符合我的思想家和作家的身份的。」他向捷爾仁斯基坦率地講出自己的哲學、政治、宗教觀點，說明自己不是政治性的人，但是在文化上是共產主義的反對者。他的坦率贏得了契卡最高首腦的好感，當即放他回家。當然，他的陳述雖然說明他與「策略中心」案沒有聯繫，但也說明他在理論與世界觀方面的「頑固」態度。當局的寬容是有限度的，這樣堅持下去也會招致災難性的後果。

果然，紅色政權開始對「堅持反動立場」的知識分子採取措施了。1922年5月，列寧致函捷爾仁斯基，指示經過周密研究，採取新的措施，把「為反革命幫忙的作家和教授驅逐出境」[7]。8月，《真理報》刊登題為〈第一次警告〉的文章，指出知識分子中的某些階層不願歸順蘇維埃政權，斷定在高等學校、出版界、哲學界、文藝界、醫務界、農業界……甚至合作社中，存在著從事反蘇活動的「據點」。同時宣佈，「根據國家政治保安局的決定」，知識分子中那些最積極地反對革命的分子、「思想上的弗蘭格爾分子和高爾

---

[7] 《列寧文稿》，第10卷，人民出版社，1988，第224頁。

察克分子」，或者將從莫斯科、彼得格勒等城市驅逐到北部省份，或者將被驅逐出境。該文聲稱採取驅逐手段是「蘇維埃政權對知識分子的第一次警告」。

蘇維埃政權擬定了驅逐160名「最積極的資產階級思想家」的名單，其中有莫斯科大學校長、動物學家諾維科夫 (Новыков, Novekov)、彼得堡大學校長、哲學家卡爾薩文 (Карсавын, Kalsaven)、莫斯科大學數學系主任斯特拉托諾夫 (Стратонов, Stlatonov)、經濟學家布魯茨庫斯 (Брузкус, Bluzkus)、茲沃雷金 (Звоpьзин, Zvolyzin)、歷史學家卓韋捷爾 (Зовыздер, Zovedel)、社會學家索羅金 (Сорозин, Solozin)、哲學家弗蘭克 (Франк, Vrank)、洛斯基 (Лосский, Losski)、弗洛連斯基、布爾加科夫等等。當然，我們的主人公別爾嘉耶夫的大名也赫然在冊。

於是別爾嘉耶夫再次被捕，並於1922年9月被驅逐出境。當時，他們得到的警告是：如果再在蘇俄境內出現，將被就地正法。

第六章　流亡生涯

從此，別爾嘉耶夫開始了流亡的生涯。他是懷著矛盾的心情離開自己的祖國的，他並不願意離開俄羅斯，雖然他和紅色政權存在很多衝突。他覺得自己的活動天地應該在祖國，他要直接面對俄羅斯民族和人民，為他們工作。對於西方文化和西方的精神自由，他是嚮往的，但他對西方的資本主義制度，卻無甚好感。這樣，希望留在災難深重的祖國，卻被強迫離開，並不想生活於其中的社會卻張開雙臂歡迎他。可以想見別爾嘉耶夫從彼得堡出境開始流亡生涯時的心態。

一、1922—1923：柏林

與別爾嘉耶夫一批被放逐的共25人，連同家屬是75人。他們先從彼得堡到波蘭的斯德丁，然後轉去柏林。德國政府熱情地接待了他們。別爾嘉耶夫於1922—1923年就生活於柏林。

由於蘇俄政府的放逐，使柏林集中了一大批俄國科學界的精英。起初，別爾嘉耶夫積極參與了組建俄國科學院的工作。繼而他與弗蘭克等人一起又建立了宗教—哲學科學院。和他原在俄國建立

的自由精神文化科學院類似，宗教—哲學科學院的活動也主要是報告會、演講會和學術討論。它以別爾嘉耶夫的論俄國革命的宗教意義的報告開始了自己的活動，吸引了許多人（不僅是俄國僑民，而且還有許多西方人士）參加。

別爾嘉耶夫過去讀過很多德國哲學的書，主要是康德 (Kant, 1724—1804)、謝林(Schelling, 1775—1854)、黑格爾(Hegel, 1770—1831)和馬克思的書，對德國哲學存有不小的敬意。現在，親臨德國，自然與當時著名的德國思想家有很密切的交往。特別要提到的是他與馬克斯・舍勒(Max Scheler, 1874—1928)和赫爾曼・凱澤林(Hermann Veyserling) 的交往。別爾嘉耶夫對他們思想的豐富、思維的機智有著很深的印象。他們相處得很好，舍勒和凱澤林對別爾嘉耶夫也很關心、友善，凱澤林還幫助出版了《歷史的意義》的德文版，為之寫序，對別爾嘉耶夫的思想給予很高的評價。後來，別爾嘉耶夫離開德國，他們之間仍然不斷地聯繫。

1923年，別爾嘉耶夫完成了新著《新的中世紀》，這是他在柏林時期的另一重要成就。在這本書裏，別爾嘉耶夫對不久的將來作了歷史的預言，它很快被譯成 14 種語言，許多人寫文章來評論它，這使別爾嘉耶夫在歐洲成了知名人物。

二、1924—1948：巴黎

1924年，別爾嘉耶夫移居巴黎。在第一次世界大戰的戰敗國德國，他感到沉重和壓抑，而且境外俄國人的中心已經從柏林轉移到巴黎，這就促使他決定遷到巴黎去。同時，他把自己創建的宗教—哲學科學院也遷到了巴黎。

1.致力於文化交流

在巴黎，別爾嘉耶夫開展了更為活躍的文化活動。1926年，創建《道路》雜誌。「它是俄國宗教和哲學思想的喉舌，它存在了14年，由宗教—哲學科學院出版。……《道路》聯合了所有著名的知識分子，但排除了明顯的蒙昧主義派別和惡意的反動派別。」然而它「不是戰鬥的機關，它只是給在東正教基礎上的創造思想提供表現的園地」，所以，作為主編的別爾嘉耶夫實行的是很寬容的方針。❶但是，在雜誌上發表的他本人的文章則是旗幟鮮明、戰鬥力很強的。他不能忍受右派僑民中的社會觀點，對那種希望在俄國復辟舊時代的傾向的批判十分激烈，這甚至使一些人認為他是「準布爾什維克」。對此，別爾嘉耶夫解釋說：我不是那樣的人，但「我是新時代的人，在我身上有19世紀後半葉才能發現的那種靈魂的激動不安、智慧和懷疑，那種衝突和主動性。」❷這使他終於與許多人分道揚鑣。

巴黎當時是歐洲文化的中心，許多文化名人匯集於此，這使別爾嘉耶夫有機會與眾多的思想家交往，他自己也說：「對我來說，最有意思和最有教育意義的是和西歐的接觸與交往。」❸別爾嘉耶夫首先關注宗教領域的精神交往，他發起舉行一系列的國際性宗教會議。這是俄國的東正教徒和法國的天主教徒、新教徒的具有歷史意義的會晤。西方宗教世界的許多著名代表都參加了會議，如著名的

---

❶　別爾嘉耶夫：《自我認識》，雷永生譯，上海三聯書店，1997，第245頁。

❷　同❶，第246頁。

❸　同❶，第250頁。

新托馬斯主義者雅克・馬利丹(Jacques Maritain, 1882—1973)、天主教現代主義激進派的代表奧・拉別托尼爾(O. Labeltonier)、法蘭西新教教會的首領別戈內爾 (Begnel)、牧師、正統的加爾文教信徒列舍爾(Lesel)教授等等。各種宗教的代表都有聯合的誠意，但對聯合又都從自己宗教的立場上加以理解。真正能夠代表東正教發言的是布爾加科夫，但別爾嘉耶夫卻最受重視，只有他的書很快被譯成多種文字，因而便產生了一種誤解，以為別爾嘉耶夫是東正教哲學以至東正教的代言人。西方人根據他的著作瞭解東正教及其哲學，實際上這與現實的東正教存在著極大的差異。只是過了相當一段時間，他們才知道根本不能把別爾嘉耶夫看作東正教教會思想的體現者，他不過是個獨特的、人格主義的基督教哲學家，他力圖宏揚的是俄羅斯的神人思想，這與當時西方基督教的思想都存在很大距離。但是在要求基督教實現社會正義方面，這些宗教會議的代表們都是一致的。

別爾嘉耶夫成了國際學術界知名人物，他頻頻出席國際性的學術會議，到許多國家去演講，除法國外，他到過英國、德國、奧地利、瑞士、荷蘭、比利時、匈牙利、捷克斯洛伐克、波蘭、拉脫維亞、愛沙尼亞等等。在法國，他更是被邀參加許多著名文化團體或文化名人舉辦的會議，其中最有意義的是在著名存在主義哲學家格布利爾・馬賽爾 (Gabriel Marcel, 1889—1973) 家裏舉行的哲學集會。這些哲學集會真正是當時歐洲最高水平的哲學會議，經常參加會議的有現象學大師埃德蒙特 ・胡塞爾(Edmund Husserl, 1859—1938)、著名存在主義哲學家馬丁・海德格爾 (Martin Heidegger, 1889—1976)、卡爾・雅斯貝斯(Karl Jaspers, 1883—1969)、著名現象學者馬・舍勒。這是巴黎唯一討論現象學與存在主義的地方，但

也是舉行世界上最高級的現象學與存在主義研究會議的地方。別爾嘉耶夫作為基督教存在主義的代表人物參加會議，他對胡塞爾和海德格爾有很高的評價，但對雅斯貝斯則不在意，甚至認為他根本不是存在主義者。

與此同時，別爾嘉耶夫也經常在自己的家裏舉行學術性的集會，同樣有許多當時的文化名人參加，他的居所也成了巴黎文化交流的場所之一。

這些文化交流活動使別爾嘉耶夫貼近世界文化——特別是哲學與宗教——的前沿，更切實地深入於現象學、存在主義、新托馬斯主義、尼采主義、德國神秘主義、新康德主義以至宗教正統思想及現代思潮，使他的視野大大地開闊起來。儘管他並不匯合於某一思潮之中，而是保持自己的獨立性，但多元思想的滲入則使他自己的學說更加成熟起來。

2.創作的豐收

儘管西方的資本主義制度使別爾嘉耶夫反感，但西方社會的精神自由卻使他欣喜無比。巴黎的自由環境給他提供了極好的創作條件，在這裏他完成了大量的作品。對此，他自述道：「我在巴黎克拉馬爾（按：他居住的街道名稱）生活的這些年是我致力於哲學創作的時期，我寫完了一系列的哲學著作，自認為這些書對我是最有意義的。我寫了《自由精神的哲學》、《論人的使命——不同尋常的倫理體驗》、《我和客體世界——個體的共同的哲學體驗》、《精神與現實——神人的精神方面的體驗》、《論人的奴役與自由——人格主義的哲學體驗》、《世界末日論的形而上學體驗——創造性和客體化》、《神的和人的存在主義辯證法》。其他類型的書有：《人在現代

世界中的命運》（這本書在敘述我的現代歷史哲學方面比《新的中世紀》、《俄國共產主義的根源和意義》要好得多）和《俄羅斯思想》。這些書較好地表述了我的哲學世界觀，比過去的那些書要好。」❹其中，他認為明快、簡潔而又非常尖銳地表述了他的基本思想的是《論人的使命》和《論人的奴役與自由》。

從讀者的角度來看，他在巴黎寫作的這些純學術著作的確達到了新的水平，特別是表述其哲學世界觀的著作。在這裏，思維更加清晰，術語更加精確和統一，就學說體系來說，克服了許多矛盾性而更加徹底。他按照威廉・狄爾泰(Wilhelm Dilthey, 1833 —1911)對哲學的分類（分為自然主義、客觀唯心主義和自由唯心主義），將自己的哲學稱為「自由唯心主義」，按其哲學傾向來說，是存在主義和人格主義的。他還將自己的哲學概括地稱為「基督教人本學」，筆者以為，這個稱謂是最準確的。

他的這些著作中還包括對人類歷史變化之走向的研究，這種研究更加深刻地剖析了自第一次世界大戰以來人類面臨的重大災變，指出災變還在繼續，還在向更加深重的方面發展，罪惡在加重，反人道勢力愈益活躍，人類將遭受更大的災難，這將是世界的末日，人類在經歷這些劫難以後，將會進行一場「人格革命」，只有它才能把人引入新的世界，即「千年王國」。

他的這些著作中還包括對俄羅斯文化發展的內在因素及外在表現的深刻探索，這種探索以其博大精深而使其作品成為不朽的傳世之作。

---

❹　同❶，第276頁。

3.艱難時日

別爾嘉耶夫所預言的人類大災難果然到來了。希特勒上臺後發動了新的戰爭，陷人類於血火之中。德國軍隊侵入了法國，為了不在德國人統治下生活，別爾嘉耶夫一行於1940年6月離開巴黎，來到法國西南部的阿爾卡雄，這時美國對他發出邀請，但別爾嘉耶夫不願離開法國，他拒絕了美國的邀請。不久，德國軍隊就佔領了阿爾卡雄。這樣，住在阿爾卡雄已無任何意義，於是別爾嘉耶夫一行於10月份又回到巴黎。

德國佔領下的法國籠罩著恐怖氣氛，納粹黨徒搜捕「危險分子」。別爾嘉耶夫也面臨著被捕的危險，因為他過去寫過不少反對希特勒主義、反對國家社會主義和反對「排猶」的文章，而且僑居法國的俄國人中也有一些親納粹分子。但他終於沒有被捕，可能是因為他在歐洲特別是德國的聲望救了他。

不過，無論面臨的危險，無論德國人對他的成就的顧忌，都不能改變他的人格，他的反納粹的立場，他的熱愛祖國的感情。德國軍隊入侵蘇聯的野蠻行徑深深地震動了他，他痛苦地說：「我的俄羅斯遭到死亡的威脅，他可能被肢解和被奴役。」但他「深信俄羅斯是不可戰勝的。」雖然他與紅色政權有許多衝突，但在這時他說：「我感到自己與紅軍的成就溶在一起。……我任何時候，也不崇尚暴力，但是，當暴力表現為紅軍保衛俄羅斯時，我認為是符合天意的。」在戰爭時期，他甚至認為僑居國外的俄國人只有兩種，即「希望俄國勝利和希望德國勝利的兩種」，他說：「我不同第二種範疇的人們交往，認為他們是變節者。」❺他拒絕與德國佔領者有任何交往，

---

❺　同❶，第320頁。

埋頭於自己的創作，有時則在家中集聚具有愛國主義情緒的俄國人討論形勢及俄羅斯的前途，他的家成了愛國主義情感聚集的中心之一。

德國佔領巴黎這些年是別爾嘉耶夫一生中最艱難的日子，他本已失去祖國，現在又失去第二祖國，其內心的痛苦是可以想見的。同時，由於不能到處講學，不能發表論著，他的經濟收入急劇減少。這外在的和內在的煎熬使他的健康狀況惡化了，終於在1942年動了一次大手術。

正義終於戰勝了邪惡，巴黎解放了，別爾嘉耶夫感到莫大的欣慰。但是，新的打擊接踵而來。1945年9月，他的親密伴侶莉季婭逝世了，這使別爾嘉耶夫陷入深深的悲痛之中，他「不能接受她一去不復返，不能接受她去世所形成的空虛」❻。經過很長一段時間，他才從悲哀中恢復過來。

巴黎解放也給別爾嘉耶夫帶來了新的問題，即與蘇聯的關係問題。別爾嘉耶夫一直希望回到自己的祖國，二次大戰結束後，這種願望更加強烈了，他說：「當我想到俄國時，心裏滲出了血。而我是常常想念俄國的。」特別讓他痛苦的是：「我在歐洲和美洲，甚至亞洲和澳洲都很知名，我的論著被譯成很多種文字，很多人寫了論述我的文章，只有一個國家幾乎不知道我──這就是我的祖國。」❼他希望直接為俄國人民和俄國文化工作，但是，想到自己從事的並非科學技術，而是哲學，他也就不得不放棄回國的念頭，因為在蘇聯只有辯證唯物主義是合法的，其他所有的哲學派別都被指斥為「資產階級的」、「反動的」，他認識到「正是哲學家回到俄國沒有意義」。

---

❻　同❶，第328頁。

❼　同❶，第327頁。

同時，蘇聯迫害持不同政見的知識分子的事件更使他望而卻步。這樣，他的懷念祖國的情結也就永遠得不到緩解。

三、崇高的榮譽和最後的苦惱

　　1947年是別爾嘉耶夫極為榮耀的一年。春天，劍橋大學授予別爾嘉耶夫榮譽神學博士學位,這標誌著對他的學術水平的很高評價。在他以前，俄國只有柴可夫斯基 (П. Чайковский, P. Tchaikovsky, 1840 － 1893)和屠格涅夫(И. Тургенев, I. Turgenev, 1818 － 1883)獲得過這種榮譽。同時，從瑞典傳來消息說，別爾嘉耶夫成了諾貝爾獎金的候選人。秋季，以「技術進步和道德進步」為主題的日内瓦國際會議邀請他出席並作報告。這一年，他的著作被更廣泛地介紹到世界各地。

　　同時，這一年也是他極為苦惱的一年。他為自己祖國的命運苦惱，一方面他對蘇聯發生的許多事情（特別是全面發展的中央集權的國家主義和替代了俄羅斯普濟主義傳統的民族主義）持堅決的批判態度，相信俄羅斯未來的内在變化。另一方面，他又「感到需要在敵視我的祖國的世界面前保護我的祖國」,「不能協調地解決這個問題，使我感到痛苦。」❽他也為世界的命運苦惱，戰爭結束了，但是苦難並沒有結束，人民戰勝了法西斯主義，但是極權主義並沒有消滅，真正的自由還沒有保證。他期望「千年王國」在世上實現，但在這之前看來人類還得走很長的路。他期望基督教（包括東正教）發生巨大的變化，真正變成「神人性」的宗教，但它雖然在變卻極為緩慢。別爾嘉耶夫是一個胸懷世界的哲學家，痛苦注定要伴隨他

❽　同❶，第334頁。

的一生，即使非常的榮譽也不能使之解脫。

何況，他已經是一個73歲的老人，長期流亡生活的鬱悶，經濟上的拮据，高度緊張的精神創造，嚴重地損害了他的健康。多年來，他已被病魔纏身。進入老年以後，長期存在的生理與心理的不平衡使他也極為苦惱。1947年他描繪自己的狀態時說：「我已經變老了，生命也疲勞了，雖然精神還很年輕，並且還迷戀著創造的精力。」❾他還有很多的事要做，還計畫寫關於新的思想的書，關於神秘主義的書，但是身體已經不容許了。

1948年3月23日，別爾嘉耶夫於寫字檯前溘然長逝。他走了，帶著他的內在矛盾，帶著他的崇高人格，也帶著他的終生遺憾，永遠地走了。但是，他留給人世的那一份豐厚的精神遺產，卻使人們永遠不能忘懷。

---

❾ 同❶，第336頁。

第七章　基督教人本學（上）
—— 人的本質

人的問題是別爾嘉耶夫哲學研究的起點，也是他的哲學之核心內容。可以說，關於人的本質、人的命運及人的解救的學說構成他的學說最重要的內容。

一、人本學哲學的任務

別爾嘉耶夫把自己的哲學稱為人本學哲學，因為，它是以人為出發點的，或者更確切地說，是以人的自我意識為出發點的。他說：「研究哲學的人，不能不肯定人對任何哲學都具有特殊意義，不能不把這種特殊的自我意識作為出發點。」因而，「人本學，或者確切地說，人本學意識不僅先於本體論和宇宙論，而且先於認識論，先於認識哲學本身，先於任何哲學，任何認識。」❶

何以如此?這就需要從別爾嘉耶夫對人及其現狀的理解談起。

---

❶ Бердяев: *Смысл творчества*, м. 1989, C. 294—295.

1.人的二重性

在哲學史上，人的本性是一個長期探討和爭論的問題。人們對此所傾注的熱情和精力從來沒有中斷過，這都是由於人的奇特性所致。人是自然界的組成部分，但他又高於自然界，改造自然界。他不光是按自然界的必然性生活，同時又以奇妙的意識審視世界，想像和嚮往另一個世界。他的這種奇特性使他既在自然界之中，又超越於自然界之上。這使人「懸於兩極：既神又獸，既高貴又卑劣，既自由又受奴役，既向上超升又墮落沉淪，既弘揚至愛和犧牲，又彰顯萬般的殘忍和無盡的自我中心主義。」❷人的奇特的二重性使科學、哲學與宗教傷透了腦筋，對此的解釋也就五花八門。不過，從總的說，科學和實證主義、自然主義和唯物主義哲學都努力把精神現象歸之於物質本原，宗教和唯心主義哲學則竭力維護精神的獨立性。作為宗教哲學家的別爾嘉耶夫當然非常看重精神的獨立性，他把人的精神性看作源自上帝並與上帝相似的本質特徵。因而，他對人的二重性的描述就體現著他的哲學特色。

別爾嘉耶夫說：「人是這個世界的現象之一，是自然界物質循環中的萬物之一；人又作為絕對自在的形象和相似物而越出這個世界，高於自然界的萬物。這是一個奇特的生物；它分為兩個並含有雙義。它具有帝王的外貌和奴隸的外貌，它是自由的和受束縛的，有力的和軟弱的，把偉大和渺小、永恆和易逝結合在同一個存在中。」❸他同意德國神秘主義哲學家雅可布·伯麥 (Jakob Böhme,

---

❷ 別爾嘉耶夫：《人的奴役與自由》，徐黎明譯，貴州人民出版社，1994，第3頁。

❸ 同❶，С. 296。

1575 ─ 1624)❹的看法，認為塵世的東西和上天的東西混合於人之一身。

　　人的本性的二重性十分顯著，問題在於，這兩種本性在人身上孰重孰輕，我們應當更重視塵世的東西還是更重視上天的東西？別爾嘉耶夫十分激烈地批評只看重人的物質性、生物性的傾向，認為那是完全忽視了人身上的高級和高貴的本原。應該看到：「人不僅出自此世，而且出自別世；不僅出自必然，而且出自自由；不僅出自自然界，而且出自上帝。人可能認為自己是自然界的必不可少的部分，並受到這種認識的壓制。然而，認為自己是自然界的一部分，這只是人的意識的第二性因素 ── 第一性的是：人認定自己和體驗自己為自然界之外和世界之外的事實。人比自己的心理學及生物學因素更深刻、更具第一性。」❺人的精神存在證明自然界並非唯一存在的世界、終極的世界，因為「就其本質而言，人已經是自然界中的斷裂，自然界容納不下他。」❻科學的確有充分權利認識作為自然界一部分的人，但是它無法解釋人的自我意識，因為這種自我意識對於自然界來說是超驗的，不能從自然界得到解釋，科學只好在它面前止步。

　　別爾嘉耶夫認為，只有人本學哲學，才能承擔起解釋人的二重性的任務。「人本學哲學研究的不是作為科學認識（生物學的、心理學的或者社會學的認識）的、客體的人的事實，而是作為高級的、自我意識的、主體的人的事實，自然界之外與世界之外的事實。」❼

---

❹　雅可布・伯麥：德國哲學家、泛神論者，職業是鞋匠。他的神秘主義和自然哲學貫穿著自發的辯證思想，對法國浪漫主義有很大影響。

❺　同❶，C. 297。

❻　同❺。

74·別爾嘉耶夫

正因為它如此界定自己研究的課題，才使自己與以往的哲學區別開來，才能認識人的天性和本質，闡明人的本性之神秘二重性。人本學哲學與科學人本學完全不同，也不以其為基礎，而「完全是以人的高級的、突破自然界的界限的自我意識為基礎的。」❽

2.人的墮落

人的二重性如此，勢必造成人自身中的矛盾，也就是說，在人身上之天上的本性和塵世的本性，必然會發生尖銳的對抗，結果可能是：或者此消彼長，或者有主有次地真正協調。那麼，人到底怎樣了？可惜，人沒能讓上天的本性戰勝塵世的本性，反而讓塵世的本性佔了上風，人墮落了。亞當就沒能戰勝物質的誘惑，他的後人繼續沉淪於自然界，「人的全部物質成分使人被牽制在自然界的物質性上並且遭受與自然界同樣的命運。」❾上帝創造出與自己相像的人，本是要他去做「自然之王」，沒想到他卻成了自然界的奴隸，沉溺於物質之中而不能自拔。

人的墮落不僅使自己忘掉了高貴的本性，而且也使自然界隨他一起墮落。因為人既為「自然之王」，他就應對整個自然界負責(不能讓石頭或禽獸對自然界負責，因為他們沒有高貴的本原)，將自然界提升，使自然界「人化、自由化、活化和精神化」，「使自然界解放出來並獲得生命」❿。但是，人連自己都失去了精神，失去了高貴的自我意識，他怎麼去解放自然界呢？結果，他便與自然界一

---

❼　同❶，C. 298。

❽　同❼。

❾　同❶，C. 307。

❿　同❾。

起墮落、僵死、機械化。他與自然界在這墮落的道路上互動著,「人以其墮落和被奴役狀態使自然僵死化和機械化,又處處受到僵死的自然機械化的阻撓,被自然的必然性所鉗制。石頭、植物和運動物控制著人,並且彷彿是為著自己的不自由向人報復。自然界的僵死硬化的部分徹底墮入自然界的低等級的物質必然性,這些部分的阻撓和控制是人這個被推翻的自然之王的痛苦和窮困的根源。」❶

　　別爾嘉耶夫的這些論述儘管有其宗教哲學的神秘色彩,使一般讀者覺得難於理解,但是,如果與他的其他論著聯繫起來,就可知道,他這裏所說的正是對人被自然界和人造事物奴役所形成的異化現象的憂慮和抗議。人類在改造自然界的同時又造出一個「人化自然」,人類頗以此自豪,認為這是人的力量的最好體現,人類也由此不斷改善自己的物質生活,人沉浸在這種生活所帶來的幸福之中,但是別爾嘉耶夫在這種現象中看到了人的墮落,看到人喪失了自己的精神家園,成了自然界的奴隸;人把自然界變成機器,人自己也變成了機器、零件、螺絲釘。人為了謀生,為了「幸福」, 不得不日夜像機器一樣的操勞,不僅被自然界奴役,還被自己造的「人化自然」奴役。變得麻木的人沒有理想,沒有了希望,沒有了自由,物質享受變成他們唯一的安慰。而自然界也在人的無休止的掠奪中僵死了,生動多彩的生態被破壞,一切自然物都失去自己的光彩,變成商品,變成貨幣。在現代人看來,自然界實質上是一個商品和貨幣的世界。別爾嘉耶夫多次談到對資本主義的厭惡,認為資本主義使人變成金錢的奴隸、機器的奴隸。在他看來,這就是人的墮落。

---

❶ 同❶, C. 306。

3.人類的精神危機

如果人僅只成為自然界（包括「人化自然」）的奴隸，那麼，人的罪孽還被局限在一定的範圍之內。遺憾的是，人不僅變成自然界的奴隸，而且還與自己天上的高貴本原徹底決裂，認為自己就是高貴的本原。這就必然形成最可怕的精神危機。當然，別爾嘉耶夫認為這有一個過程。

原初，當人祖（亞當）沉淪於自然界之後，人與其高貴之本原——上帝就處於一種極不正常的關係之中。人在罪惡的世界愈陷愈深，但還無法忘記上帝，只不過他愈益把上帝看作君主，對其懷著極為畏懼的心理。這種心理不斷地拉長人與上帝的距離，而且僅靠人自己是無法重返上帝的懷抱的。

基督教本想拯救人，使其擺脫罪惡世界的奴役，使其擺脫自然界的奴役，然而，歷史上的基督教被《舊約》的聖父意識所浸透，它沒有正確瞭解上帝與人的關係。在這種基督教中「佔主導的意識是對人在墮落時喪失自由的意識，這種意識壓倒了對人的至上自由的意識」⑫。它認為人只有在威嚴的上帝面前才有可能從貪欲中得到拯救，才去服從上帝的教誨。在它看來，世界只是一種貪欲，人並不是通過揭示自己的人的本性，而是通過對人的本性的徹底消滅和為上帝空出地盤才獲得拯救的。「人神化著，但這卻只能通過消滅整個屬人的東西，通過人的消失和上帝出現在他的位置上來達到。」⑬基督教的聖父意識忘記了：「在人的本性本身之中就有似神的因素，在人的聲音本身之中就有這一本性。使『世界』和貪欲得

---

⑫　同❶，C. 316。

⑬　同❶，C. 317。

到化解，就能使人得到解脫。上帝不僅想使上帝得以存在，而且也想使人得以存在。」❶這樣，這種基督教聖父意識便造成了用上帝壓制、貶低人的後果：人生在世的目的就是讚美上帝，因為他們是有思想的和理性的生物。在所有可見的有生命之物中，唯有他們能夠認識、讚美和感謝造物主上帝。在觀察有生命之物時，他們對造物主感到驚詫，而在認識了他的偉大、不可思議和聖大無邊之後，便對他頂禮膜拜，景仰他和崇拜他。可見，歷史上的（特別是中世紀的）基督教的聖父意識既在某種程度上抑制了人的物欲、貪欲，又壓抑了人的自我意識，加大了上帝與人的距離，在全知全能的上帝君主面前，人只能誠惶誠恐，俯首貼耳。

這樣，在中世紀，只有神本真理得到宏揚，而「人本真理在基督教中並未得到揭示。這種情況導致人道主義的，按人本身的隨心所欲，並在反對中世紀宗教意識的封建反動中建立起來的那種人本學的產生。人道主義的人本學意識產生於文藝復興時代，並在20世紀前的近代得到發展，這時它上升到自己的頂點並顯示出自己的局限。」❶

別爾嘉耶夫認為，興起於文藝復興時期的人道主義是「人類必不可少的經驗」❶：人作為自然世界的必不可少的部分，渴望從神的壓制下解脫出來獲得自由和獨立；渴望主觀而自主地為自己提出在自然界和世俗世界生活的目的。人道主義就是賦予人以自主性、主體性的思想體系，在人道主義中可以感受到奴隸的反抗和精神的平民化，人道主義意識不知道什麼是人及其崇高使命的高級來源，

❶　同❶，C. 318。

❶　同❶，C. 319。

❶　同❶。

人道主義只想在自然世界、世俗世界裏盡可能更為自由而獨立地安置人，給他盡可能多的幸福；人道主義逐漸但卻堅決地擺脫任何神的意識，使人和人類神化。作為對於基督教聖父意識的反動，作為人對於人本學啟示的尋覓，這是必然的，然而，人道主義的命運卻是「尋找人本學啟示的人的偉大悲劇」❶。因為這種人道主義捨棄了上帝，從而也捨棄了作為上帝形象和相似物的人，它所推崇和神化的人，只能是自然界中的人、作為自然之海中的一滴水的人和作為經濟事實的人。這種低等起源的人卻被人道主義神化為絕對的主觀自立的宇宙主宰，這就使人道主義陷於自相矛盾之中，自然界的一個組成部分，自身還受到著自然世界的制約，如何成為主宰世界的絕對力量？這種內在矛盾必然導致人道主義的危機。別爾嘉耶夫認為，在自然哲學領域中出現的自然主義、實證主義，在社會哲學領域中出現的尼采哲學和馬克思主義，宣告了文藝復興以來興起的世俗人道主義的破產。他說：

> 人道主義想要斷絕人屬於兩個世界的意識：不存在另一個世界，人完全屬於當下這個唯一的世界，他應在這個世界中尋找自己的幸福。但是，人在這個世界中卻是必然性的奴隸，是自然界龐大機體的極其微小的部分。自然主義和實證主義徹底貶低了人，否定了人。……在實證主義中，那種與復活古代性（作為人的價值）相聯繫的文藝復興時期人道主義的真理正在消失。人道主義蛻變為反人道主義，它否定人。❶

另一方面，在社會生活領域，在人道主義發展的頂點出現了「尼采現象」。「尼采現象對人的命運有著巨大的意義，當沒有上帝、上帝死了的時候，他要體驗上帝」，他的新上帝就是「超人」，「相對於超人來說，人僅僅是通道，幾乎僅僅是為培育超人的田地上而施上的肥料。」⑲ 在「超人」面前，芸芸眾生失去了任何價值，除了為「超人」鋪墊以外。在這裏，人道主義所倡導的人人平等蕩然無存。尼采哲學實質上是另一種聖父哲學，因為「超人」成了新的上帝，新的聖父。馬克思的學說也否定了這種人道主義，因為在別爾嘉耶夫看來，

> 馬克思徹底否定了人類個人的自我價值，把人僅僅看成了物質社會過程的功能，使每個人處於從屬地位和成為犧牲品，使人類每一代人屈從於未來國家及在其中佔統治地位的無產階級的偶像。在這裏人道主義的人本學遇到了危機，被神化了的人為某種虛幻的超人類的東西，為社會主義和無產階級而遭到滅絕。無產者高於人，他不是人們的簡單之合，他是新的神。超人類的東西因此而必然在人道主義的廢墟上重新得到恢復。馬克思主義是人道主義的人本學意識的最極端產物之一，它消滅人道主義和徹底抹煞人。⑳

自然主義和實證主義、尼采哲學和馬克思主義宣告世俗人道主義已走到盡頭。它們分別給人道主義指出了不同的歸宿；或者依照前者，

---

⑲　別爾嘉耶夫：《俄羅斯思想》，雷永生、邱守娟譯，三聯書店，1996，第89—90頁。

⑳　同❶，C. 322。

把人看作自然界的微不足道的部分、自然界的奴隸；或者依照後者，把人看作社會的微不足道的部分，「超人」或者「無產階級」和「社會主義」的奴隸。這二者實質是相同的。在貶低人的同時，承認超越的力量（自然或者「超人」、「社會主義」等）是世界的主宰。而在最本質的意義上，這仍然是一種聖父意識，只不過由自然、「超人」等代替了上帝而已。

這樣，「內在的辯證法……使人道主義轉化為反人道主義，人的自我確認導致人的否定。」「人從過去的偶像膜拜中解放出來，又陷入新的偶像膜拜。」[21] 別爾嘉耶夫認為這並不是純理論的結論，這也是人類的現實，他說：「我清楚地看到，世界上正在進行的不僅是非基督化，而且是震撼著人的形象的非人道化，非人性化。」[22] 尼采哲學從理論上結束了人道主義、極權政治以及由此導致的對人的摧殘從實踐上結束了人道主義。

人再次失去了自己的精神寄託，再次陷入精神危機，而且是比拋棄神更為嚴重的精神危機。過去他以上帝為自己的精神家園，後來以自身為自己的精神家園，現在他到那裏去尋覓自己的精神家園呢？

4.人本學哲學的使命

在嚴重的精神危機面前，人有兩種選擇：或者從人道主義返回到過去的基督教聖父意識，這雖然使人從虛假的自主狀態重新陷入奴隸式的服從狀態，但終究回到了神的懷抱；或者建立新的人本學，

---

[21]　同[19]，第95頁。

[22]　別爾嘉耶夫：《自我認識》，雷永生譯，上海三聯書店，1997，第282頁。

讓人在精神上既回歸上帝，又能使人的本性得到發展。

別爾嘉耶夫認為，必須防止基督教聖父意識的「復辟」，因為由人道主義衍生出來的反人道主義所遵奉的是反基督精神，這種反基督精神與基督教聖父意識都是奴役人的，二者殊途同歸。因此，別爾嘉耶夫警告說：「對於我們這個聖父基督教復辟的時代（在其中沒有真正的人本學）來說，巨大的危險性就在這裏。這種復辟可能正好符合反基督精神。」❷❸應當作出另一種選擇。那是一種理想的狀態，它永遠消除神與人之間的對抗，使人皈依上帝，又獲得自由；基督教聖父意識和人道主義所煩惱的神人衝突得以化解。但是，千年的歷史又使人生疑，建立這樣的人本學是可能的嗎？

別爾嘉耶夫對此充滿信心，他認為在基督教的奧秘中本來就含有這種人本學的啟示，只不過長期以來被基督教聖父意識所淹沒。他說：「基督在人的現代悲劇面前的束手無策，恰恰根源於基督教人本學的未得揭示。新基督教人本學應揭開人的創造使命的秘密，從而賦予人的創造衝動以最高的宗教合意。」他預言在世界上將發生「人本主義宗教轉折，就是發生在宇宙中的由自然必然性向人的自由的轉折。」❷❹他認為他的使命就是建立這種新的基督教人本學，這種人本學將使人回到自己真正的精神家園。

二、基督教人本學原理1：人是微觀宇宙

由上節我們可以瞭解，別爾嘉耶夫的人本學不是一般的人本學哲學，而是基督教人本學。他的基督教人本學是他全部哲學的基礎，

---

❷❸　同❶，C. 324。

❷❹　同❷❸。

只有理解了它，才能理解他的哲學的其他部分。

可以把別爾嘉耶夫的基督教人本學的基本內容概括為以下三個原理：(1)人是微觀宇宙原理；(2)創造原理；(3)自由原理。

下面首先來介紹別爾嘉耶夫關於人是微觀宇宙的思想。

別爾嘉耶夫認為，在茫茫宇宙之中，人決不是它的零碎部分、微不足道的自然物。在人身上可以發現宇宙的各個層次，從最低級的到最高級的。這就是人的多成分性和複雜性。人身上所包含的最高級層次以下的各種因素、成分，表面看來，與其他各層次的自然物無甚區別，動物吃喝，人也吃喝；植物新陳代謝，人也新陳代謝。但是，人的這些層次的因素、成分統統要受其最高層次的制約和指揮。而其最高層次的因素決定了人之為人，人之區別於其他自然物，人之自物質發展鏈條上的斷裂，人之超越自然界。整個宇宙由於人的出現而越出自身的物質困境，使其包容了更高級的成分。就這個意義來講，宏觀宇宙已經包含有從最低級到最高級各個層次的因素、成分。人自身的情況與宏觀宇宙的情況恰好相似，就其包含了各種層次（直到最高層次）的情況來看，可以說人是微觀宇宙。

不過，如果僅限於在組成成分上將人與宇宙加以對比，從而得出人是微觀宇宙的結論，那還是膚淺的、表面的認識。別爾嘉耶夫認為，更重要的是要從人與宏觀宇宙的「互滲」的關係上去理解。既然人是超越其他自然物的存在，他就必然在宏觀宇宙中處於特殊位置，他雖然處於宏觀宇宙之中，但不像其他自然物那樣，只能受自然律的支配，順從自然而生活；他能支配其他事物，更重要的是，他與宇宙融為一體，甚至能創造新的存在，使他自己處於宏觀宇宙的中心。這種情況充分證明了人是微觀宇宙。別爾嘉耶夫說：

人是小宇宙、微觀宇宙——這就是對人的認識的基本真理和認識的可能性本身所設定的基本真理，宇宙可以進入人之中，被人同化，被人認識和理解，僅僅因為人中有整個宇宙，有宇宙的全部力量和品質，因為人不是宇宙的零碎部分，而是完整的小宇宙。認識的內滲和外滲只有在微觀宇宙和宏觀宇宙之間才有可能。人在認識上洞察宇宙作為大的人，作為宏觀人的意義。宇宙進入人之中，受到作為小的宇宙，作為微觀宇宙的人的創造力的支配。人和宇宙作為同等者互相較量。㉕

人「在自己身上包含著大宇宙的全部品質，使自己在大宇宙上留下印記，也使它在自己身上留下印記。」㉖別爾嘉耶夫這些話的中心意思是：儘管其他自然物也處於宇宙之中，但它們不能形成對宇宙的認識，不能同化宇宙，更不能產生新的存在物，只有人才能做到這些，只有人才能克服局部狀態，突破自然的限制，才能與宇宙「互滲」，這是對人的微觀宇宙本性的最有力的證明。

據此，別爾嘉耶夫認為：「人身上隱藏著某些神秘的、玄妙的、不為正宗的科學和人的日常意識所知曉的宇宙力量。這一點幾乎是不容置疑的。這種意識不斷增長，而不是在減退。它正在排擠正宗科學的和正宗常識的意識。神秘主義的永恆真理很快就會成為公開的無疑的真理，要迴避它除非躲到虛無中去。」㉗

那麼，人的這種超越自然的微觀宇宙本性是從哪裏獲得的呢？

㉕　同❶，C. 295。

㉖　同❶，C. 299。

㉗　同❶，C. 299—300。

別爾嘉耶夫肯定地確認它來自神，來自上帝。他援引猶太教神祕主義體系的基礎著作《光輝之書》的話說：「人同時既是創造的結果又是創造的最高點。因此他是在第七天被創造出來的，人一旦產生，一切——無論高級世界還是低級世界——就立即終結了，因此，一切都蘊藏在人之中，人把一切形式結合在一起。」「他不僅是世界的形象、普遍存在物（包括絕對存在物）；他同時還主要是神的形象，即其無限屬性的總和。他是神在地上的存在。」他還頗為推崇伯麥就此問題的自述，伯麥說：「就我自己的力量而言，我像所有他人一樣地盲目而軟弱，然而在神的精神中卻可透過一切看到我天生具有的精神，儘管這種時機並不常出現，而只是當神的愛穿透我的精神時，那時動物自然界與神界便成為統一的存在物、統一的智力和統一的光。」可見，作為微觀宇宙的人的超越自然的本性皆來源於神，沒有神的精神，也就沒有人的精神，人也會如一切自然物一樣地盲目和軟弱。當然，從本原上說，宏觀宇宙和微觀宇宙皆為神的造物，但神在創造宏觀宇宙的最後給它放入最高級的造物——作為微觀宇宙的人。這不是一個普通的自然物，而是超出自然的存在，神賦予他以複雜性、多成分性、超越性，希望他不從屬於自然物，而去管理自然物，成為它們的中心。正因為如此，永恆的神也賦予人以永恆性，基督的本性與亞當的本性應當是統一的。別爾嘉耶夫明確地說：「人產生於上帝中，人在神的生命中孕育」，❷❽所以，「人是全宇宙的中心、精華、理想、焦點。在他之外的一切都只是『創造物的零碎部分』，在人身上一切都以極和諧的方式組成為微觀宇宙。」❷❾

---

❷❽ 同❶，C. 303。

❷❾ 同❶，C. 304。

不過，受特殊恩惠者必有特殊之使命，人不能白白地具有微觀宇宙的本性，他要「為整個自然體系負責，他身上的一切都在整個自然界留下印記」，他應「以自己創造的自由使自然界獲得生命，獲得精神」。為此，他必須「棄絕『此世』的誘惑，掌握『世界』」，提升自然界，使之「人化、自由化、活化和精神化」，以便「把宇宙改造為新天和新地」❸⓿。這是上帝給人的特殊恩惠之目的，也是作為微觀宇宙的人之意義。

所以，別爾嘉耶夫的基督教人本學一改基督教聖父意識的傳統，將人置於宇宙的中心，揭示人的超越自然、超越塵世的本性，賦予人以改造和創新的使命。這使他的宗教哲學從一開始就少有以消極等待為特點的救贖渴望的色彩，而顯示出奮發昇華的特點。

但是，人能承擔起這樣的偉大使命而不使神失望嗎？他完成這個使命的根據何在呢？

三、基督教人本學原理2：創造

人能承擔起神賦予他的偉大使命，別爾嘉耶夫儘管處於一個災難迭起、罪惡叢生的時代，仍然滿懷信心地相信這一點。他認為只要恢復人的創造本性，人就能與神一起繼續創造美好的世界。

1.創造是人的本性

前面說過，人有二重性。他那與自然斷裂的一重性，實際上是他的本性。因為在宇宙中的所有存在物，只有人是上帝按自己的形象造的，人是上帝的相似物。這裏所說的相似，決不是庸俗化的宗

---

❸⓿ 同❶，C. 307。

教所描繪的外貌相似，它實質上是精神上的相似，這突出地表現為人具有心靈。別爾嘉耶夫說：「心靈永遠和永世都是上帝——造物主創造的，心靈的原初基礎是神性的和不依賴於世界過程及其時向的東西。心靈的先在是一個絕對形而上學的真理。」所以，在人的「生命性中烙印有創造者的形象和相似物」❸。這是人與神相似的本質方面，其他均是次要的。

別爾嘉耶夫認為，心靈上的相似主要體現在創造上，創造既是上帝的本性，也是人的本性，他說：「人的本性是創造者（造物主）的形象和相似物，即創造性本性。」❸宇宙和人的存在就是上帝之創造性的證明，因為這一切都是上帝創造活動的結果。上帝既按自己的形象造人，就必然將其最本質的東西賦予人，「如果說上帝按自己的形象和相似物創造了人，如果神子（聖子）是絕對的人，那麼這意味著：作為上帝之子的人註定應成為與聖父——造物主相類似的自由創造者。」❸所以，「存在的絕對增益的創造活動，能力不受任何損失的消滅和增長，一直在有生命存在本身之中，在與造物主相似的人之中延續。」❸

當然，作為人之本性的創造與作為上帝之本性的創造是有區別的，前者是相對的，而後者則是絕對的。這個相對與絕對的界限在於，人不可能創造出自身的相似物，即造出另一個心靈，而上帝則有這種能力。別爾嘉耶夫說：「在有生命之物和人的創造活動與神和造物主的創造活動之間有著永恆而不可逾越的界限。有生命存在物

❸　同❶，C. 355。

❸　同❸。

❸　同❶，C. 362。

❸　同❸。

不能創造生物，只有造物主才能創造生物，有生命存在物不能創造人，只有上帝才能創造人。人永遠是在上帝中被創造的。」❸「人不是絕對物，因此不具有絕對能力。」❸儘管如此，仍沒有動搖人在宇宙的中心地位，因為在宇宙中只有他具有心靈，具有創造本性，具有改造和創新的能力，這些也正是上帝對人寄予最大期望的根據。

2.創造的特點

那麼究竟什麼是創造呢？

別爾嘉耶夫並沒給創造下一個定義（他從不願對概念下什麼定義），但從他對創造的各種說明闡釋中可以明瞭他的見解。

首先，他說：「只能把具有增加世界之強力的能力的獨特實體所產生出來的那種東西稱之為創造。凡自外部產生、靠對實體進行更新組合而形成的那種東西，都算不上是創造。創造是世界諸部分的新的相互關係，創造是世界個體實體的本真的行為。」❸又說：「創造是從從前不曾有過，在它之前不曾存在過的東西中創造新的力，……而不是改變和重新配置舊有的力。在一切創造活動中都有絕對的增益和增加。」那種「既與事物的再配置，只是一種演變」❸，而不是創造。他在這裏強調創造是「新的力」的增加，而不是原有事物、「舊有的力」的重新配置，這是有針對性的。長期以來，在科學和哲學中流行的觀點是：宇宙總能量不變，能量守恆，誰也不能創造新的能量；世界上所謂的創造，不過是原有能量的相互轉化，

---

❸　同❶，C. 367。

❸　同❸。

❸　同❶，C. 360─361。

❸　同❸。

總能量既不增加也不減少，是永恆不變的。別爾嘉耶夫從宗教哲學出發，認為上帝創造世界，使宇宙從無到有。從無到有，就是創造和創造活動的基本特點。當宇宙被創造出來以後，上帝並未停止創造，因此宇宙並非永遠不變，也並非只是原有存在物的相互關係的變化；相反，宇宙被創造出來並非創造活動的終結，仍然會不斷地有新存在物被創造出來。

後來的這些創造活動與上帝原初的創造活動有共同之處，即都是「從無中進行創造」❸。上帝創世之前，什麼也不存在，只有虛無。他的創造活動就是「無中生有」，因而所有的造物都是新的，人的創造活動也是如此，也是從無出發，創造出以前沒有過的存在。這就是人的類神之處。如果把創造理解為原有存在的重新配置，那就把宇宙理解為一個封閉的存在，而實際上上帝創造的宇宙是一個開放的存在，也只有開放的存在才能給人的創造活動提供廣闊的空間。別爾嘉耶夫還特別指出，從無中進行創造並不是說創造不需要利用原有的存在物，而是說原有存在物只是一種材料、觸媒，當人局限於其中時不可能進行創造，當他進行創造時則必然已經衝破了原有存在物的局限，進入虛無中創造原先沒有的存在物。

第二，當你讀到上面這些內容時，也許會以為別爾嘉耶夫的創造指的是物質創造活動，那就錯了。他的創造概念既然是指謂人的心靈的本性，所以這裏的創造當然是精神性活動。他非常明確地說：「創造只在精神中，只能在人的精神創造中完成。」❹這種精神創造的作用是「促成存在的創造能量增長，創造前所未有價值和在真、善、美中實現前所未有的昇華」❹，實際上，別爾嘉耶夫認為人的

---

❸ 同❸。

❹ 同❶，C. 363。

精神創造是超越現有宇宙、實現更加完滿的宇宙和諧的力量，因為
這種和諧決非物質活動可能完成的。他認為人負有使自然界「提升」，
使自然界「人化、自由化、活化和精神化」的使命，這一切都只能
通過精神的創造才能完成。而為了「提升」自然界，首先要「提升」
自己，人的精神昇華是最重要的創造，沒有這種創造，一切宇宙的
和諧皆為空話。因為宇宙的和諧皆由神（即天）人合一所致，而人唯
有在精神中才能與神合一，人與神的類似與相通皆由於精神。只有
在精神中才能克服主體與客體的斷裂，達到主體與客體的絕對統一。

　　別爾嘉耶夫嚴格區分作為主體的人改造客體的創造與他所說
的創造。他認為那種創造的前提就是主體與客體的對立，那種活動
是物質性的，是將主體力量融入客體之中，實際上是主體力量的「客
體化」。長久以來，許多哲學家都認為這是人的力量的最高體現，
特別是德國古典哲學家和馬克思，甚至把這看作是人的本質的體現。
而別爾嘉耶夫卻認為這恰恰是人的墮落。因為作為人的本質的創造
被物質化了，精神被物質化了，在這林林總總的「客體化」世界裏，
人的精神失去了自己的家園，忘掉了自己之本而淹沒在物質中，結
果反而成了自己創造的東西的奴隸。人「創造」的這個客體化的世
界，實際上是個僵死的沒有能動性的機械的世界，人的精神也墮落
成了僵死的、沒有能動性的、機械的東西。按照我的理解，別爾嘉
耶夫實際上指的是人的實踐活動所產生的異化現象，這種異化現象
的確是大量存在的，人創造的產品成為制約、束縛、甚至損害人的
力量，小至化妝用品，大至戰爭武器，對人產生了極大的負面效應，
金錢財物更是使人變得卑劣骯髒，而異化現象的最害人之處則是精
神的墮落。關於這些，我們在後面還要論及。當然，別爾嘉耶夫也

---

❹❶　同❸❺。

並非完全否定人在物質世界中的創造。他也承認，這種創造中包含著許多珍貴的東西，但是他又強調指出，這種創造「從屬於必然性的定制，它創造的不是新的生命，而是完美性大小不一的文化成果。創造的成果帶有的不是現實的性質，而是象徵的性質」。書籍、交響樂、圖畫、詩等等都是有價值的，「我完全不否定文化的創作，完全不否定創作的成果在這個世界上的意義。這是人的道路，人應當經過文化與文明的創造。但是，這是象徵性的創造，它所提供的僅僅是現實改造的徵兆。現實主義的創造則是世界的改造，這個世界的終結，新的天地的產生。」❷

　　第三，創造的個性和自由，別爾嘉耶夫所說的創造既然是精神的創造，它必然就是個性化的，因為精神活動只能是個體實體的活動，或者說是屬於個體實體的活動。所謂集體的精神、群體的精神、民族的精神等等，不過是對個體精神的抽象概括，它們並沒有獨立的存在。因而別爾嘉耶夫明確地說：「創造活動只內在地作為自由和獨立之力為個人所具有。……創造是世界個體實體的本真的行為。如果世界不是由擁有自由和本真能力的諸個體實體組成的等級體系，那麼在世界中創造就是不可能的。」❸這裏所謂本真的行為、本真的能力都是指精神活動。他極為強調這種本真性的個體性，連上帝也不例外：「上帝是具體的個性，因此是造物主；人是具體的個性，因此是創造者；存在的整個組成部分是具體的、人格化的，因此而具有創造力。」創造就是「由實體的內在能力、由其個體本真性派生出來的過程」❹。

---

❷　同❷，第209—210頁。

❸　同❶，C. 360—361。

❹　同❶，C. 361。

創造不僅是個性化的，同時又必須是自由的，無自由也無創造。如果屈從於必然，也就沒有創造，自由給人以創造的空間，它是創造的先決條件，正是自由將創造和進化區別開來，「創造是自由，而進化則是必然性。」❹自由概念在別爾嘉耶夫的人本學中也是至關重要的範疇，我們將在下節詳加討論。在這裏我們只要先記住他的這句話就夠了：「關於創造發展的學說要求把自由看成必然性的基礎，把個性（個人）看成是一切存在的基礎。」❹

3.人的創造的使命和意義

人的創造本性表明，他決非一般的上帝造物，因為人的身上有神的因素，有與神同一的因素。可見，「上帝完全超驗於人，但又內在於人。在人身上揭示的不僅有人、人性，而且有上帝和神」,「人應孕育於上帝之中」❹。人與神在創造上的同一（當然不是絕對的同一，而是相對的同一），既拉近了人與神的距離，又賦予人以特殊的神聖使命。

別爾嘉耶夫認為，揭示了人的創造本性，對基督教的《舊約》聖父意識是一個沉重的打擊，甚至可以說《舊約》聖父意識的時代結束了。既然「在人的個性中都有著本真的創造能力（與上帝具有的相類似）」，上帝對人來說就不再是「主人、君主、發號施令者」，他對世界的管理就不再是聖父意識所認為的「獨裁方式」。當然，人與上帝的親情關係，特別是由於基督而產生的，因為基督又是神，又是人，他具體而生動地體現了神人的統一；人通過基督而領悟到

---

❹　同❶，C. 364。

❹　同❶，C. 366。

❹　同❶，C. 360。

自己與上帝的同一，領悟到自身上存在的神性——創造。「上帝通過
基督，對我們將不再是主人、君主、發號施令者，上帝的行為將不
再是獨裁。從此開始了人與上帝的內在、共同而親密的生活，開始
了人對上帝本性的自覺參與。沒有基督是很難接受上帝的。……沒
有基督，上帝就是可怕而遙遠的，不可能得到證明的。」❹可見，基
督的啟示對於人的領悟來說是至關重要的。

　　人與上帝的距離拉近了，人在上帝那裏（通過基督）找到了自
己的精神家園，他也就必然參與上帝的事業，他不會只滿足於充當
一個上帝恩惠的受惠者。同時，他的創造本性也一定促使他去和上
帝一起進行創造。這也就順理成章地得出了人的創造的神聖使命。
「人註定要延續上帝創造的事業。」❹不過，在這裏首先要破除《舊
約》聖父意識，那種意識認為，上帝的創造事業早已結束，最初的
七天已經創造出了一切，以後就再沒有創造世界的事業了。上帝都
不創造了，更何況人呢？所以，上帝創世以後的世界的主要任務乃
是消罪和贖罪，戰勝邪惡。別爾嘉耶夫尖銳地指出：「基督教的宇
宙學和天體演化學實際上仍是《舊約》性質的，它們都只是從聖父
角度來理解世界及其創造。基督教意識尚不知創造啟示的如下涵義：
人和世界的任務在於創造前所未有之物，完善和豐富上帝的創造。
世界過程不可能只是消罪和贖罪，只是戰勝邪惡。世界過程是七日
創世的繼續。……世界過程是啟示的創造過程，造物主和有生命存
在物一起參與了這個過程。」❺這就是說，目前創造世界的過程並沒
有完結，它仍在繼續，當人出現之後，就應當與上帝一起進行創造，

---

❹　同❶，C. 362。

❹　同❶，C. 363。

❺　同❹。

參與上帝創世的過程，「繼續和完成世界的創造，這是神人的事業，上帝與人一起的、人與上帝一起的創造。」 ❺但是，別爾嘉耶夫又說：「我清楚地意識到人的創造的深刻悲劇和它在世界的條件下命中註定的不順利。」 ❺由於人的墮落，由於人沉溺於物質世界，丟掉了創造本性，基督教的《舊約》聖父意識又歪曲了人與上帝的關係，所以，長期不能參與上帝的創造，別爾嘉耶夫認為，現在是揭示基督啟示的真正意義的時候了，《舊約》聖父意識統治的時代已經過去了，用新基督教人本學哲學開啟人的心靈的時代來到了。

四、基督教人本學原理 3：自由

1.自由是人的另一本性

別爾嘉耶夫非常看重自由，認為「自由，首先是自由，——這就是基督教哲學的靈魂，這為其他任何抽象和唯理論哲學所不能領悟。」 ❺他還經常直截了當地稱自己的哲學為「自由哲學」。

別爾嘉耶夫認為，承認了人的創造本性，也就必然承認人的自由本性，因為創造與自由是密不可分的。「人的創造行為和世界中新事物的產生是不可能從封閉的存在體系中得到瞭解的。創造只有在容許自由的條件下才是可能的，它不是被存在所決定的，不是從存在中引申出來的。」 ❺他一再強調，不能從決定論去理解創造，那樣

---

❺　同❷，第209頁。

❺　同❺。

❺　Бердяев: *ФилосоФия свободы*, M. 1989, C. 22.

❺　同❷，第207—208頁。

就取消了自由。他所講的創造「離不開自由」，所以「只有自由物
才能進行創造」**⑤**。

在他看來，從普遍意義來說，凡是真正的創造行為（即不是現
有世界組成部分的重組，而是世界的絕對增益、新東西的產生）都
不是決定論的、進化的、必然的，而是自由的。上帝如此，人亦如
此。這種自由特別表現為一種意志的選擇。上帝創世時經過了他的
意志的自由選擇，人在進行現實的創造時，也要經過意志的自由選
擇。（比如，信仰的確立實際上就是自由的選擇，因為沒有人也沒
有神強迫誰去信仰，這不是由於必然性所強制產生的行為，實際上
是衝破必然性的限制的一種精神創造行為。）

別爾嘉耶夫明確地說，人的創造本性是上帝賦予的，但是對於
自由，他卻認為與創造不同，它不是上帝賦予人的，似乎它有更為
奧秘的源泉。他說：「我承認，創造的才能是上帝賦予人的，但是
人的行為滲入的是自由的因素，而不是決定論的世界，或者決定論
的上帝。」**⑤**自由並不來自上帝，「自由是一種極限之物，它不能從
任何他物中引申出來，也不能歸結為他物。自由是存在的無根據的
根據，它比任何存在都要深刻。從理性上觸及自由的根柢是不可能
的，自由是深不見底的井，它的底就是最後的奧秘。」**⑤**原初的自由，
即創世之前，一切存在產生之前的自由，紮根於非存在，亦即「無」
之中，因而對這種自由無法形成概念，「不可能形成概念」**⑤**。人的
自由即源於這種原初的自由，對它也無法形成理性化的概念，因為

---

⑤ 同**❶**，C. 368。

⑤ 同**⑤**。

⑤ 同**❶**，C. 369。

⑤ 同**⑤**。

它與原初的自由一樣，有其非理性的奧秘。

為了明白別爾嘉耶夫所說的自由，我們可以把它瞭解為不受限制。原初的宇宙是「無」，是非存在，因而也就是最大的自由，因為沒有任何存在可以限制和妨礙自由。創世以後的自由，會受到存在的限制和妨礙，但是此時的自由主要表現為對存在的超越，即不受其限制和妨礙。

2.自由是人的精神能力

自由不是游離於實體之外的虛幻物，自由原為神的本性，後來又成為人之本性，所以它是有實體性內容的。同時，也不能把自由瞭解為為所欲為、任意任性。別爾嘉耶夫明確地說：「自由並不是否定性的、極限性的概念，……自由是肯定的和有內容的。自由不僅是對必然性和決定性的否定。自由不是與規律性和必然性王國不同的恣意妄為和偶然性的王國。」❺❾那種認為自由是無法無天、想幹什麼就幹什麼、想怎麼就怎麼的絕對自由觀是錯誤的，因為這種自由觀否定了自由中所包含的肯定的和積極的內容。作為人的本性的自由並不是縱容人任性胡為的力量，而是鼓舞和支持人進行創造的力量。所以，別爾嘉耶夫一直尖銳批判那種「否定性的形式自由」、「為自由而自由」的自由。

為了從正面論述自由的涵義，別爾嘉耶夫特別從人與自然物的區別上說明問題：「在自然界的決定論秩序中，創造是不可能有的，能有的只是進化。自由與創造表明的是：人不只是自然生物，而且也是超自然生物。而這則意味著，人不只是肉體存在物，而且也不只是自然意義上的心理存在物。人是自由的超自然的精神、微觀宇

❺❾ 同❺❼。

宙。」在這一界定的前提下，別爾嘉耶夫進一步確定：「自由是一種肯定性的創造力，它不由什麼東西論證和不受什麼東西……的制約。自由是能夠從無中進行創造的一種能力，是一種不從自然世界而從自身出發進行創造的精神能力。自由的正面表現和確認就是創造。人以實體方式擁有自由能量即創造能量。」可見，「自由是肯定性的創造能力而不是否定性的恣意妄為」⑩。

別爾嘉耶夫認為對自由內涵的這種揭示極為重要，因為它可以防止人們對自由的曲解，可以把握自由的正確方向，使自由真正為善服務，為神服務，發揮創造的力量，推動世界的改造，不然的話，被曲解了的自由就會變成一種逆反方向的力量，就會為惡服務，製造罪孽、危害神的事業。所以，他非常強調自由的內容與目的，反對無內容、無目的的否定性自由，他說：「犯罪墮落的自由就是這種否定性的形式自由、空、非存在、為自由而自由，即『不受約束』的自由，而不是『為……什麼』的自由。犯罪墮落中的自由不是為從事創造活動的那種自由，不是創造性的自由。」所以出現這種被曲解的自由，主要是由於脫離了上帝，「脫離上帝將使自由喪失內容和目的，使得自由空洞貧乏、軟弱無力。否定性的、形式上的、空洞的、無內容的自由將蛻變為必然性，在其中存在將發生質變。」⑪

別爾嘉耶夫的上述表述中已經包含著一個重要的思想，即神的自由與人的自由的差別。在他看來，神的自由是絕對的，而人的自由則應是相對的，神是全知全能全善的，所以神的自由是絕對的，這種絕對的自由也不可能使神去濫用而為惡。但人則不同，他是上帝的相似物，同時又是自然物，他的自由雖然是精神的本性，但不

---

⑩　同❶，С. 370—371。

⑪　同❶，С. 372。

能不受到自然方面（欲望等）的影響，所以他的自由就有被濫用的危險。為了防止這種危險，就必須強調人的自由的目的性，強調這種自由不能脫離上帝。

當然，這裏只是說人的自由應當是相對的，即被目的所制約的，但是，事實上，人類歷史證明，人常常衝破這種限制，濫用自由、製造罪孽，使自己墮落。始祖亞當的墮落是最早的例證。這更進一步證明自由原本就是絕對的。不過，人濫用自由的結果將是喪失自由，變成必然性的奴隸，所以，人只應得到相對的自由。

3.自由的整體性與個體性

自由是人的本性，但人不是抽象的，而是個體的；具體的人都是個體的，具有個體性。因而自由也就應是個體性的，這是順理成章的事。但是，別爾嘉耶夫警告說，千萬不要把個體性與個體主義混為一談。個體性是與整體性結合在一起的，而個體主義則是與整體性分離的。因而「個體主義中的自由並不創造宇宙，而是與宇宙對立。個體主義中的自由是與世界割裂和疏離的自由。」「對個體主義者來說，世界始終都是籠罩在他頭上的暴力。極端的、徹底的個體主義企圖將人的個體性與世界等同起來，並試圖在此種膨脹的人類個體性之外來否定整個世界。」⑫個體主義把個人孤立起來，變成脫離宇宙的一葉孤舟，看似自由，實際上極不自由，因為他將自己與整個宇宙對立起來，這樣他就任什麼也創造不出來。所以，別爾嘉耶夫說：「個體主義者急於使自己擺脫世界、宇宙，這樣做卻只能陷入奴隸狀態。因為使自己內在地脫離宇宙，必然外在地使自己受它的奴役。個體主義是使個體性空洞化，使它變得貧乏，蔑視它

---

⑫ 同❶，С. 376。

的世界內容，即倒向非存在。這樣的個體主義的個體性是不可能在宇宙中持久存在的，與宇宙、與生物序列絕對割裂和疏離的個體性將變成非存在，它會消失得無影無蹤。」❻

真正的個體性堅決棄絕個體主義和教派主義，這種個體性是與整體性緊密相聯的。只有在宇宙的整體性中，個體性的自由才得到保證，因為，「人是世界的、宇宙的序列之有機成員，他內容的豐富程度與其和宇宙結合的程度成正比。人的個體性只有在普遍的、宇宙的生命中才能得到充分的表現。」❻這時的人的自由才是內容充實的。

別爾嘉耶夫在這裏所說的整體性實際上是指的上帝的事業。鑑於近代的世俗人道主義（即無神論的人道主義）的弊病，別爾嘉耶夫特別警惕那種片面膨脹個人力量、個人自由以至神化個人的惡果，因而他特別強調，「如果沒有比人更高的東西，沒有上帝，人就將極為貧乏和沒有內容；如果有比人更高的東西，有上帝，人就將無限豐富和內容充實。如果沒有高級的和神性的東西，無處運動，運動於人就是不可能的。使人類個體性擺脫上帝和世界，這將是人的自殺。這種解放是魔鬼式的奴役。人的自由與世界的自由相聯，而且只能在世界解放中得到實現。」❻

實際上，他在這裏是再次強調人的自由的相對性，否認人有濫用自己的自由的權利。至此，我們可以瞭解，按別爾嘉耶夫之意，自由儘管是人的本性，自由儘管是無前提的，從其根源來說是絕對的、高於一切存在的東西，但就其實現和實施來說，卻是有條件的

❻　同❶，C. 379—380。

❻　同❻。

❻　同❶，C. 378。

和相對的。制約人的自由的條件就是上帝的事業(即宇宙的整體性)，人必須將自己的自由融入宇宙整體的自由，即上帝的自由之中，方可成為真正的自由；人如濫用自己的自由，脫離宇宙整體的自由，則必成為魔鬼的自由，終必喪失自由，被必然性所奴役。

4. 自由與必然性

那麼，自由與必然性有著怎樣的關係呢?

自從斯賓諾莎(Spinoza, 1632—1677)提出「只依照理性的指導的人是自由的」❻。因為理性能認識必然性的思想以來，經過德國古典哲學家和馬克思主義的宏揚，「自由是對必然的認識」這一命題愈益被更多的人所接受，不少哲學家都承認這是一個深刻的辯證法原理。

別爾嘉耶夫卻大不以為然，他尖銳地批判這個原理，直截了當地指出:「自由並不像德國唯心主義者教導的那樣是什麼意識到了的必然性。」必然性不僅不與自由「辯證統一」，而且二者是直接對立的:「必然性是……走向惡方向的自由，即墮落的自由的結果」，「必然性是壞的、不自覺的自由，是未經邏各斯啟示過的自由」❼，他甚至說:「必然性是自由的產物，是由過分地利用自由而產生的，自由人的意志方向創造自然的必然性，產生聯繫性。物質依存性是我們自由意識的產物。」❽

前面已經講過，在別爾嘉耶夫那裏，自由是人的本性，人的精神本性、創造本性，它的特點就在於無前提性。而「自由是對必然

---

❻ 斯賓諾莎:《倫理學》，商務印書館，1962，第200頁。

❼ 同❶，C. 373。

❽ 同❶，C. 374。

性的認識」這一原理則要肯定必然性是自由的前提，這與別爾嘉耶夫的看法從根本上是對立的。在他看來，自由以必然性為前提，也就是受必然性的限制，這種受物質因素限制的自由就是假自由，就不成其為自由。

更重要的是，別爾嘉耶夫認為自由乃人之類似上帝的精神本性，它只能與上帝的自由相聯，而不能與物質必然性相聯。這種物質必然性對人的作用是強制性，人一旦受其制約，也就墮落成為物質世界的微不足道的、被物慾緊緊纏住的顆粒，使其真正的自由喪失殆盡。所以，他說：「必然是墮落著的自由，是敵對和分裂的自由，是混亂和無序的自由。」 人一旦沉溺其中，便只有「負擔和壓力」，只有「一部分為了另一部分而發生的物質化」❻❾。世界的一切，甚至包括石頭在內，都對我們產生一種強制化，這樣就談不上真正的自由了，即使你對這種必然性有所認識，又能於事有補嗎？

總之，人的創造是自由的，它「不可能從整體上被世界所賦予的物質決定；在創造中存在新的事物，它不可能被外在的世界所決定。這裏有那種自由的成分，它混雜於所有的真正的創造行為之中：創造的秘密就在於此」。這種創造是「自由的放射」，它不可能被必然性所決定❼❶。

5.人之走向自由之路

自由雖為人的本性，但人之獲得真正自由卻需經過一個艱難的歷程。何以如此？這也是基於自由的特點。自由是個體性的，同時又是個人內在具有的，外在力量無法制約的。因而，能否實現真正

❻❾　同❺❸，C. 65。

❼❶　同❷❷，第208頁。

的自由，主要取決於個人的自覺。個人向善，自覺投入上帝的事業，就會獲得真正的自由；個人向惡，避離上帝，放縱任性，就會失去自由，成為必然性的奴隸。

別爾嘉耶夫認為，人類的歷史證明，人恰恰經歷著一個獲得自由－失去自由－再度獲得自由的過程（對這一過程，本書將在後面兩章詳加闡釋）。人的始祖亞當本來是有自由的，「亞當的自由是給那個與造物主相似的人標上的第一烙印」❼。不過，亞當的自由屬於那種人的自由，而非神（上帝、基督）的自由，因而在這種自由中「人的能動創造性使命尚未得到揭示，……在其中潛藏著墮落和犯罪的種子。亞當似乎應在絕對順從和絕對隨意之間做出選擇」❼，亞當的墮落正是他的自由使然，也是他的自由的局限性的體現。

亞當的墮落也就是人類的墮落，這一墮落證明了存在著「兩種自由：神的自由和魔鬼的自由」，人的自由中包含這兩者的可能性，一旦他走向魔鬼的自由，惡的自由，就會被物質必然性所奴役，終於喪失自由，因為「魔鬼的自由就是徹底的必然性，徹底的服從」❼。喪失了自由，也就喪失了真正的創造，也就不可能與上帝一起繼續創造世界，於是一方面是上帝致力於人的拯救，另一方面則是人在罪惡的世界裏愈陷愈深。

只有當基督出現以後，人的拯救才有了希望。基督是神，又是「絕對的人」，他以其言行向人顯示何謂真正的自由。別爾嘉耶夫說，真正的自由「通過絕對人——基督而得到揭示」。這時魔鬼的自

---

❼　同❶，C. 372。

❼　同❶，C. 371。

❼　同❶，C. 373。

由對基督進行「最終和最後的對抗，即滅絕和選擇非存在的道路」。
當基督的時代已經到來之時，當基督已經顯示神的事業之偉大及神
的自由之光輝時，魔鬼的自由則以「反基督者、絕對人的虛假相似
物」(按：指「超人」和極權制下的被崇拜者)和「非存在的極樂狀
況」來「誘惑人」。 這是魔鬼的自由的最後招數。當人被基督所感
召，從內心回歸上帝和上帝的事業時，便將自己的自由與神的自由
聯在一起，便徹底擺脫了魔鬼自由，擺脫了必然性的奴役，重新回
歸上帝的精神家園，與上帝一起從事繼續創造世界的事業。因而，
當別爾嘉耶夫講到魔鬼的自由向基督的「最後的抵抗」時，他也就
同時提出了「世界末日論的問題」❼。

　　應該說明，別爾嘉耶夫並沒有像我這樣把他的基督教人本學概括為「原理
1」、「原理 2」、「原理 3」，我這是根據對他的著作的理解和研究而得出來
的。別爾嘉耶夫一向反對構造哲學體系，也認為自己的哲學沒什麼嚴密的
體系。但是，為了敘述他的思想，總要理出一個頭緒，總要能讓讀者明白
他的主要觀點，所以，別爾嘉耶夫總會原諒我的作法。何況，我所概括
的這三個原理的確是他的哲學的基本命題呢！(1939年，別爾嘉耶夫在他
為自己的著作《人的奴役與自由》所寫的序言中明確地說：「人、自由和創
造是我的哲學的基本主題。」❼)

---

❼　同❶，C. 372—374。

❼　同❷，第10頁。

第八章　基督教人本學 (中)
—— 人的命運及其解救

幾十年來，別爾嘉耶夫孜孜不倦地反覆深入地從事人的問題的研究，不斷深化他對於人的本質的看法，逐漸形成了「個體人格」和「客體化」這樣兩個極為重要的概念，在此基礎上，他更深入細緻地探討了人的命運和人的解救問題。

一、個體人格

別爾嘉耶夫並不抽象地研究人的問題，他從來最關注個人，認為脫離個人的一般性的「人」只是抽象空洞的概念。人的本質皆體現於個人之中，真正的哲學必須關注個人的命運。但是，他認為個人是複雜的整體，其中最本質、最珍貴的是個體人格。

1.什麼是個體人格？

個體人格一詞源自拉丁語 persona，此詞本表示「面具」、「偽裝」，同戲劇角色有關。經長期演變，失去戲劇角色之意義。經中

世紀經院哲學，其詞意逐漸確定為「個體人格」，即表示理性的、個別的生存。後來，萊布尼茲(Leibniz, 1646－1716)把個體人格的本質界定為自我意識，即把個體人格的意象與意識聯繫在一起。康德對個體人格的理解較之以前有了重要的變化：個體人格從理性領域移到道德的領域。個體人格不再是手段，而是主體自身的目的，並經由自身而生存。青年黑格爾派麥克斯・施蒂納 (Max Stirner, 1806－1856)最崇拜「個人」，認為每個個人都是「唯一者」。別爾嘉耶夫認為，他的那個「唯一者」不是個體人格，個體人格已消逝在漫無邊際的自我確定中，消逝在拒斥認識「他者」和拒斥向上超越的冷漠中。但是他那個「唯一者」中也包含有部分真理，因為在「唯一者」看來，「整個世界都是它的部分，都隸屬於他；而他卻不是整體的和普遍的部分。」❶麥克斯・舍勒(Max Scheler, 1874－1928)❷把個體人格界定為經驗的統一，亦即各種行動的存在的統一，他強調個體人格與行動相關。別爾嘉耶夫說：「我與舍勒的分歧在於，個體人格要以他人的個體人格的生存為前提，要朝向他人的個體人格，要與他人的個體人格交會。」❸

別爾嘉耶夫非常重視俄羅斯宗教哲學家涅斯梅洛夫的思想，因為「對於他來說，人是宇宙生命唯一的謎。這種人的奧秘取決於，一方面，人是自然界的產物；而另一方面，人不能被自然界所包容，人超出了自然界的範圍。」❹因而「絕對存在的意象顯透在個體人格

---

❶ 別爾嘉耶夫：《人的奴役與自由》，徐黎明譯，貴州人民出版社，1994，第17頁。

❷ 舍勒：德國哲學家。他從胡塞爾的現象學轉變到泛神的人格主義形而上學。

❸ 同❶。

中，而同時，個體人格又藏於有限存在的條件中——這是個體人格應該成為什麼與個體人格的現實生存條件之間的矛盾。」❺

以上這些有關個體人格的思想正是別爾嘉耶夫形成自己的個體人格理論的思想條件。同時，反對、蔑視、否定個體人格的理論也對他有所啟發，雖然是從相反的方面。這包括生命哲學（它「把人的個體人格導向並消融在宇宙和社會的進程之中」❻）、自然主義的泛神的神秘論、神智論以及法西斯主義、自由主義等。

那麼，別爾嘉耶夫認為個體人格是什麼呢？

他認為，要為個體人格下定義是非常困難的事，要瞭解個體人格，首先要從多方面考察它的特點，瞭解它的地位及與眾多事物的關係。只有在此基礎上才能從整體上對其進行概括。

首先，要區分個體人與個體人格。

「個體人屬於自然主義的、生物學的、社會學的範疇。」 ❼它是關聯於某一整體的不可分的原子，是種族、社會、自然宇宙這些整體的部分；一旦脫出整體，它也就不再成其為個體人。個體人的主要形式關聯於物質界，它來自物質界（它由雙親產出，為種族進程的延續，無種族即無個體人，這是它的生物學基礎）， 受種族遺傳性決定。同時，它也受社會遺傳性決定。因而，個體人總是為著在生物的、種族的、社會的進程中的生存而競爭，別爾嘉耶夫所說的個體人並不就是自然人，而是屬於自然與社會的人，或者說是人

---

❹ 別爾嘉耶夫：《俄羅斯思想》，雷永生、邱守娟譯，上海三聯書店，1996，第186頁。

❺ 同❶，第17—18頁。

❻ 同❶，第18頁。

❼ 同❻。

的受自然與社會制約的方面。

個體人格則不同。「個體人格不是自然主義範疇，而是精神的範疇。個體人格不是關聯於種族、社會或者宇宙這種整體的不可分的原子。個體人格是自由，它卓然獨立於自然、社會、國家。」❽對於自由的精神而言，自然、社會和國家都無法制約它，「人的個體人格不受社會遺傳性和生物遺傳性的決定，它是人的自由，是人克服世界決定化的一種可能性。」❾這就是說，它不僅不受社會和自然的決定，而且能夠超越社會與自然。這是精神創造性的體現。任何一個人的精神，都有其獨特性，個個不同，這種獨特的精神絕不能說其來自自然的或社會的遺傳，而只能說其來自獨立的創造。

個體人格不僅是自由與創造的精神，而且是「小宇宙」，因而它又是「一個基本的整體和統一體」❿，是「共相」。這一方面是強調個體人格之獨立自主，不因受自然與社會的影響而分裂破碎，另一方面則又是否定個體人格的「自我中心」，強調克服封閉性，在與世界、他人的交往中拓展人自身的共相。別爾嘉耶夫在這裏所講的共相，實際上是指人的本質，他說：「這共相的事物並非來自於量的體認，不是派生的，而是基質。」⓫人的本質是指決定人之為人的東西，是人人都具有的，因而它不是「殊相」，而是「共相」。不過，別爾嘉耶夫強調，「共相的事物在個別的事物之中，即在個體人格之中。」它不是游離於個體之外的抽象概念，「共相的事物不置於理念的、超個體的表層，而置於佔據著生存位置的個體人格之

❽　同❶，第19頁。

❾　同❽。

❿　同❽。

⓫　同❶，第21頁。

中。」 ❷因此，個體人格就是蘊涵著共相的殊相，或者說是共相一殊相的統一體，正因為如此，「個體人格才固有內在的統一和整體性，而個體人則只有一副『硬殼』」，個體人格可以冰清玉潔地挺立於任何強大的客體面前，而個體人「即或個體性生氣盎然，也無法抵禦外在世界的力量」 ❸。

　　從上述可以瞭解，別爾嘉耶夫所說的個體人格實即人的本質之凝聚。首先，它是精神，同時，它是自由、創造，是小宇宙（即我們在上一章所考察過的人的本質）。 在別爾嘉耶夫看來，人的本質的這些要素凝聚而為個體人格。在上一章裏，我們所介紹的人的本質為人的精神的普遍特徵，但是人類的真實存在只是一個個的個體，因而只去抽象地論述人人共同的精神特徵是不夠的，還必須仔細分析每個人的本質。這樣，單只談論自由、創造、小宇宙就絕對不行，應去研究這些「共相」如何體現於「殊相」之中，這些人的普遍本質如何凝聚和體現於個人之中。這樣，就必須提出新的概念，這就是「個體人格」。 只有個體人格，才既能顯現人與人之相同之處，又能顯現人與人之不同之處，這個人在法西斯面前大義凜然，寧折不彎；那個人在法西斯面前卻奴顏婢膝，搖尾乞憐。這種強烈的差別決不是用「個體人」能說明的，也不是單純用人之「共相」能說明的，必須依照「個體人格」的理論才能揭示。一個充盈著個體人格的人和一個喪失了個體人格的人，顯現截然不同的具體的人的本質。在以往關於人的問題的理論中，對於人的本質的研究往往止於對人的普遍特徵、共同性質的探討，而忽視對個人本質的深究。這往往使人感到空泛，至少是不夠全面。別爾嘉耶夫關於個體人格的

---

❷　同 ❶。

❸　同 ❶，第20頁。

理論將人的殊相與共相結合起來，不僅提供了一種對人的共同本質的解釋，同時又提供了一種對人的個人本質的理解，無論人們是否同意他的具體解釋，都應承認這是對人的本質認識的一種推進。

2.個體人格與「他者」的關係

為了更深入地揭示個體人格，別爾嘉耶夫認為，除在人自身區別個體人與個體人格之外，還要考察其與「他者」的關係。這個「他者」既包括上帝，也包括世界（宇宙）和他人。

首先，個體人格與上帝的關係。

別爾嘉耶夫說：「個體人格的生存必須以超個體價值的生存為前提。」❶❹所謂「超個體價值」即是上帝。為什麼個體人格之生存必須以上帝為前提呢？他解釋說，個體人格不是世上最終的、最高的存在，它之生存也不是與生俱來並永恆不變的，事實上，它是一個生成的過程，需要有更高的存在加以引導和提升。「如果沒有比個體人格更高的存在存在著，如果沒有一個可供個體人格進入的冰清玉潔的世界，就沒有個體人格。」❶❺「如果沒有超個體價值，沒有生命的神性巔峰——上帝，個體人格便不能走出自身，不能實現自身的全部生命。」❶❻上帝，超個體價值的存在為個體人格提供了一個楷模，一個導師，一個嶄新的世界，使個體人格領悟到那才是自己真正的家園，因而才不僅能潔身自好，而且能不斷昇華。如果有誰任意吹捧個體人格，「判定人的個體人格為終極意義上的最高存在，或者否棄上帝，視人為上帝，均是一套落井下石的理想騙局。」❶❼

---

❶❹　同❶❶。

❶❺　同❶❶。

❶❻　同❶，第23頁。

　　但是，上帝也不是個體人格的統治者、君主。「人與上帝的關係不是因果關係，不是普遍與部分、目的與手段、奴僕與主子的關係。人與上帝的關係同客體世界（自然、社會）中的任何事物和任何關係都沒有相似之處。」因而，「以為超個體價值高踞於人，上帝是目的，個體人格是實現這項目的的手段，皆大謬不然。鼓噪上帝為著榮耀自身而創造人的神學教義，既侮辱人，也侮辱上帝。」**⓲**

　　其實，上帝之所以不是個體人格的目的、統治者，最重要的原因是：上帝亦為個體人格，當然，這是最高的個體人格。這就是上帝與人的相通相會之處。上帝與人皆為個體人格，這是二者的相似之處（通常，人們僅只從人與上帝在外形上的相像去理解二者的相似，在別爾嘉耶夫看來，那是極為次要的）；上帝的個體人格無限地高於人的個體人格，這又是二者的區別之處。正基於這種狀況，人與上帝必然形成這樣的關係：「個體人格——上帝，不想充當人的統治者，它提升人，榮耀人；個體人格——人，應成為上帝的榮耀，感領上帝的恩澤，響應上帝的召喚，與上帝進行愛的相遇。」**⓳**這說明，「人的內在也蘊含了神性因素，人具有兩種本性，人是兩個世界的交叉點，人自身攜有人的意象和上帝的意象。人的意象即是上帝的意象在世界中的實現。」**⓴**

　　第二，個體人格與世界（自然、社會）的關係。

　　別爾嘉耶夫認為，個體人格並非封閉自足的主體世界，它不僅與上帝發生關係，而且，必然生存於世界（自然與社會）之中，與

⓱　同**⓰**。

⓲　同**❶**，第22頁。

⓳　同**⓰**。

⓴　同**❶**，第28頁。

世界發生不可避免的關係，因為它雖與個體人不同，卻又與個體人緊密結合在一起。

別爾嘉耶夫批評了萊布尼茲、洛斯基 (Лосский, Lossky, 1870—1965)❹ 和舍勒的理論。這些人的理論有其共同之處，即認為世界是一個有機的分等級的整體，它由各種不同等級的個體人格組成，每一等級的個體人格都隸屬於上一等級的個體人格；而人的個體人格則被排列在低等級上，它隸屬於民族、人類和自然宇宙的個體人格。這樣，人的個體人格僅因為分等級的整體才得到自身的價值，而其所顯示的價值也僅在於其與分等級的整體之關聯。別爾嘉耶夫認為這種理論恰恰是本末倒置。它的錯誤有三：一，個體人格僅為人所具有，人類社會、民族、自然宇宙均無個體人格，「在與人的個體人格的關聯中，集體的個體人格和超越個體的個體人格僅僅是幻象而已。……這種客體的個體人格實際並不存在，存在著的僅僅是主體的個體人格。」❷ 二，只有個體人格具有整體性與統一性，其他的事物均談不上整體性與統一性，「個體人格之外，沒有絕對的統一，沒有全面性。個體人格之外，一切都只是部分。」❸ 三，不是個體人格由於民族、社會、人類、自然、宇宙而獲得自己的價值，而是相反，是民族等等由於個體人格而獲得其價值。「實現個體人格，使個體人格力量現實化、集中化，便可以內在於含攝太陽甚至整個宇宙、整個歷史、整個人類。」❹ 這樣，也就使這一切客體有了真正的意義。

---

❹　洛斯基：俄國宗教哲學家，直覺主義和人格主義的代表人物。

❷　同❶，第25頁。

❸　同❶，第24頁。

❹　同❷。

　　從上述論述中已經可以看到別爾嘉耶夫真正把個體人格置於主體的地位，而將社會與自然的一切置於客體的地位。但他認為真正的個體人格並非封閉性的「不走出自身」的自我中心主義，那種「封閉的自我中心主義滯留於自身，會因缺乏空氣而窒息」，個體人格要走出自身，與客體靠近，使自己的力量在客體中得到現實化，從而使自己的生命得到「拓展」[25]。

　　第三，個體人格之間的關係。

　　每個人都有個體人格，那麼各個個體人格之間是什麼關係呢？

　　別爾嘉耶夫肯定「一切個體人格都有自身目的」，「個體人格與個體人格（即使與上帝的最高的個體人格）之間，不是手段與目的的關係。」[26]個體人格之間不應有奴役的關係，而應有平等的交會的關係。「個體人格走出自身，走向『他者』，但這不意味外化和客體化，個體人格是我與你，即我走進你，與你交會。這個你是另一個我，是個體人格。……凡是個體的，都得進入『他者』。但『他者』不是外在的、異化的事物，個體人格同『他者』發生的關係絕不是外化。」他特別強調個體人格之間的關係是「交會」，這種交會不是交往，因為「交往即客體化，交會即生存」[27]。關於客體化概念，我們放到後面再去考察，在這裏主要請讀者瞭解別爾嘉耶夫主張個體人格之間應當具有平等關係，反對世俗生活中人與人之間的奴役與被奴役的關係。個體人格之間的「交會」即其精神上的融合，在這一境界中，各個個體人格都是自由的。

---

[25]　同[1]，第26頁。

[26]　同[18]。

[27]　同[25]。

3.個體人格的建構

　　別爾嘉耶夫認為，個體人格並非現成的既與之物，每個人的個體人格都有一個建構的過程。這個過程也並不是一蹴而就的，它是一個極為艱苦的過程，當然，每個人都具有個體人格之潛能，這是人終能建構個體人格的基礎。但是，如果沒有艱苦的鍛鍊，則不會成為現實。所以，別爾嘉耶夫說：「每個人都應摧生它，從而使自己脫出自然本能的囹圄。……以回應上帝呼喚，以創造性開掘自己內在潛能的使命。」一旦人建構起個體人格，「意識到自身的個體人格時，便不再俯首低眉向外，而會聆聽內在的聲音。」❷⓱

　　由於人既是具有神性的存在，又是自然和社會的存在，所以，他就經常處於矛盾之中，他必須以強烈的神聖使命意識，努力抗拒自然與社會的奴役，才能「鑄成個體人格，展現個體人格的個性的力量」。因此，苦煉是不可避免的，別爾嘉耶夫說：「個體人格與苦煉同在，以苦煉為前提。具體說，即凝聚內在力量的精神運作，即選擇，即人的內在力量拒斥周遭世界的非個體性力量。」 這種苦煉與歷史上的基督教曾提倡過的苦行、苦修不是一回事，因為傳統的苦行、苦修是抹殺個體人格的，是否認人的自由的，是對周遭世界的消極逃避。而別爾嘉耶夫主張的苦煉是：「積極抗爭，抗爭世界奴役的統治，抗爭世界對個體人格的摧殘，以護衛個體人格形式和意象的完整。」 傳統的苦行、苦修是奴隸式的，而個體人格的苦煉則是「英雄主義的」，「苦煉一旦質變為奴役，一旦轉換成它的那些歷史的形式，便當立即廢止。」❷⓿

---

❷⓱　同❶，第31頁。

❷⓿　同❷⓱。

在建構個體人格的過程中，在苦煉的過程中，個體人格便會產生出許多獨特的體驗，這種體驗既來源於個體人格的本性，也來源於其與「他者」之間的關係，它既關聯於上帝，也關聯於自然、社會與他人；它既關聯一，也關聯多。這自然會生出它所特別體驗到的許多矛盾。

個體人格首先要體驗痛苦。這是由於它與上帝的關係而產生的。別爾嘉耶夫說，上帝「具有痛苦和悲劇的源頭」，「上帝的兒子不僅像人那般體認痛苦，也像上帝那般體認痛苦。上帝的痛苦與人的痛苦共存，上帝的痛苦是分領了人的痛苦。上帝企盼自己的『他者』，企盼響應的愛。」❸這種企盼實際上也是一種煎熬、痛苦。個體人格以上帝為皈依，並非只是分享歡樂，而且要分擔痛苦。這就是人與上帝的交融、交會。本來，上帝的痛苦來自人間，現在，人間的個體人格又去分領上帝的痛苦，只不過在這種交會中個體人格得到了昇華，因為與上帝交會後所產生的痛苦已遠遠超越了個人的範圍，已經成為具有博大精神的痛苦。

別爾嘉耶夫更加具體的分析個體人格建構和實現過程中的體驗，這種分析明顯地體現出他的哲學的存在主義特點。在他看來，當個體人格面臨「他者」而力圖實現自身時，人就會體驗到「畏」(Furcht) 和「怕」(Angst)。當人面臨經驗的世界時，由於人要反抗的對象力量之強大而會產生「畏」，所以，這種體驗「與日常經驗世界和危險性相關」，「它朝向低處，囿於經驗，不能提升人，不能使人去到那冰清玉潔的另一個世界」；當個體人格面向超越的存在時，「面臨神秘的存在與非存在，面臨超越的深淵，面臨強烈的不可知」時，便會產生怕。這是「面臨永恆和命運時的體認，是關聯

---

❸ 同❶，第33頁。

於超越的臨界狀態。」**㉛**可見，當個體人格實現兩個世界之間的超越時，在其深層面上是包含著複雜的狀態的。由於信仰並不為人提供任何可靠的保證（如果信仰也像經驗事物一樣，總是為人們提供現實的利益和可靠的結果，那就不成其為信仰了），由於信仰本身就是一種冒險，所以，這種超越必然使人體驗到「怕」。

當人為實現個體人格而奮鬥時，不僅會體驗到「怕」，而且還會體驗到「煩」。這種煩的體驗來自向上的渴求，因而也來自對塵世的厭，來自與塵世的隔膜。別爾嘉耶夫說：「人深層面上的煩源於渴慕上帝的生命，渴慕聖潔，渴慕天堂。這種煩同塵寰生活中的任何幸福的一瞬都無干係。個體人格的生存不可能不伴隨煩。因為煩意味著阻絕世界進程，意味著終止與世界的合作。」「煩總產生於失去和對圓滿生命的渴求。」**㉜**這就是說，個體人格追求永恆，「為著永恆而創造」，而周圍的一切自然和社會事物都要死去，所以它必須阻隔這些事物而去追求另一個看來並未實現的世界，個體人格的這種生存狀態，必然產生出「煩」。

個體人格不僅是與「畏」、「怕」、「煩」相關聯的生存，而且是「愛的生存」**㉝**。這就是說，個體人格的建構過程不僅是愛的展示，同時也是愛的拓展。這表明個體人格之更加複雜的方面。與「煩」不同，愛不是由與經驗世界阻隔而產生的，而是由個體人格必須與兩個世界發生關係而產生的。別爾嘉耶夫說：「愛分兩種：向上超升的愛與向下介入的愛，亦即愛欲之愛和憐憫之愛，個體人格蘊含著向上超升的愛與向下介入的愛。個體人格在這兩種愛中實現自

㉛　同**❶**，第34頁。

㉜　同**❶**，第35頁。

㉝　同**❶**，第36頁。

身。」❸當人仰望完美、至善、圓滿之上帝時，「那巔峰的重力，那向上的運動，那醉人的頌詩，那對殘缺和失去的補足——便是愛欲之愛。」　世間男女的愛蟄伏著這種因素，友愛、鄉土之愛中也存在這種因素，對藝術、哲學的理想價值之愛和宗教生活中也存有這種因素。憐憫之愛則「介入塵寰，它不為著自身的豐盈去尋找什麼，它是奉獻、給予、犧牲。它置身於痛苦的世界，它在世界中痛苦著。」兩相對照，「愛欲之愛需要互惠，憐憫之愛卻不然，而這正是憐憫之愛的力量和財富所在。愛欲之愛凝視著它所愛的上帝的意象和上帝關於人的觀念，深浸在它所愛的美之中；憐憫之愛飲啜痛苦，俯向世界的黑暗和醜惡。」❺

個體人格之愛特別體現於個體人格之間的互動，即從個體人格走向個體人格，亦即個體人格之間的關聯。別爾嘉耶夫要求個體人格之愛要脫出「普遍的」、非個體性的世界，反對把愛變成空泛的情感以至概念，這樣才能肯定自身的和他人的個體人格的具體性和永恆性。在個體人格的互動中，既有愛欲之愛，又有憐憫之愛，二者有機地結合在一起，這才是真正的個體人格之愛，如將二者割裂，是會走入歧途的。別爾嘉耶夫說：「對待他人，這兩個過程必須相隨相伴，不可親疏有別。因為純粹的愛欲之愛攜帶著魔鬼的破壞基因，而純粹的憐憫之愛也會貶損他人的價值。」❻

正由於個體人格的建構過程與愛相關聯，所以使人既體驗到高尚的喜悅，又體驗到深切的痛苦。無論向上超升的愛，還是向下介入的愛，都是人的高尚情感，它的高尚正在於個體人格之建構，亦

❸　同❶，第37頁。

❺　同❸。

❻　同❶，第38頁。

即人的本質的昇華。但是，由於它是對更高人格的嚮往和對塵世的痛苦人生的悲憫，因而它帶給人的體驗則不僅僅是喜悅，同時也是痛苦。這正是愛的複雜之處。

別爾嘉耶夫還強調指出，個體人格的建構過程也就是與惡的抗爭過程。塵世有惡的生存，甚至有惡的統治；人本身也有惡的方面，這決定了個體人格之建構必須與惡進行抗爭。這是不言而喻的事情。別爾嘉耶夫說：「面臨世界，個體人格意識與惡的生存相關。惡發揮著社會定型化的作用，個體人格則反抗世界惡的統治。個體人格是選擇，選擇即抗爭——抗爭世界的奴役，抗爭人對世界奴役統治的順從。」❸❼這種抗爭有其複雜之處，即對人自身之惡的估計及處理問題。人有其惡之方面，這既表現於其對惡的統治之順從，又表現於其對統治、奴役他人的愛好，這決定了每個人在建構個體人格過程中都要進行痛苦的內心懺悔與鬥爭，也要進行反抗他人奴役傾向的不懈鬥爭。不過，別爾嘉耶夫警告說，對「如何審視每個人所存有的惡」的問題上，一定要把握住根本之處，不然就會誇大人之惡的方面。這個根本之處就是：充分認識「任何人都不可能是惡的化身和惡的人格化，……人的主要本質不是惡，……人不可能不犯罪，但人不是罪人，不是罪的化身。」因為「人是整體的個體人格，攜帶著上帝的意象。人是上帝王國的子民，不是凱撒王國的公民」——「這是處罰人和審判人的最重要的原則和界限。」❸❽

總之，個體人格的建構是一個既艱苦又複雜的過程，它既不是既與的事物，也不是一勞永逸的一次性苦煉過程，建構與拓展個體人格是人一生的使命，永無休止，因為上帝的個體人格是我們每個

---

❸❼ 同❶，第39頁。

❸❽ 同❸❼。

人個體人格的楷模。

　　但是，個體人格的建構並不能一帆風順，因為它面臨人的「客體化」的危險。

二、人的客體化

　　個體人格之建構並不是個體人的封閉的內心修煉，也不是個體人與上帝的單向關聯的結果。個體人格之建構極為複雜，人的內在改造與向上超升絕不能離開與客體化世界的緊密關聯，或者說，只有在與客體化世界的抗爭中個體人格的建構（人的內在改造與向上帝的昇華）才能完成，不然，個體人格的建構就將成為空泛的幻象。這就涉及別爾嘉耶夫哲學的另一重要概念——客體化。

1.客體化概念的涵義

　　別爾嘉耶夫曾說：「在對整個世界的哲學沉思中，我最重要和最核心的思想是：客體化與生存、自由的相互對立。」這種對立雖然在現象上經常彼消此長，但實質上，「自由高於存在，精神高於自然，主體高於客體，個體人格高於共相——普遍的事物，愛高於法則。」❸這與他的宇宙觀的總體觀點相關，在他看來，宇宙的主體與原初生命是人，之所以如此，是由於人來源於宇宙的創造者——上帝。人與上帝同源，上帝是宇宙的主體，人亦為宇宙的主體。這樣，人與外界客體的關係，就不是客體決定主體，而是主體決定客體。所謂獨立自存的客觀世界並不存在，存在的只是主體精神的意向所產生的現實對象化，這種對象化的結果便是客體世界的形成。

---

❸ 同❶，序第4—5頁。

可見，客體世界本是人的精神的產物、結果，簡單地說，「客體是主體的產物」❹。

但是，客體雖是主體的產物，它卻可能奴役主體。當主體的精神失去自己真正的家園，阻隔了與上帝的關聯，一味沉溺於自己的造物──客體時，它便從創造者變成了奴隸，於是主體人的本質──精神便失去其固有的品質而墮落，不但不能超越客體，反而成為客體的一部分，融於客體世界之中，完全失去了主體性。這就是別爾嘉耶夫所說的「客體化」，他說:「客體化是對精神的奴役，是中斷、遠離和敵視主體、個性、精神──實體的結果。」❹

說到這裏，會使人想起黑格爾的異化(Entfremdung)概念，也的確有人認為別爾嘉耶夫的客體化概念在內涵上與黑格爾的異化概念沒有區別。實際上這麼說是不準確的。

黑格爾的異化與外化、對象化是同義的。凡是主體的東西轉化為客體的東西（在他那裏，也就是精神的東西轉化為物質的東西）皆為外化、對象化，同時，這也就是異化。因為這裏成為客體的東西原本雖是主體的東西，但它現在已經用與主體異己的形式存在了，這樣也就帶來一系列與主體不同的甚至對立的特徵。例如，絕對精神由純概念即邏輯階段外化為自然階段就是如此。（他說:「自然界是自我異化的精神。」❹）因為遵照黑格爾的辯證法，任何主體在發展過程中都要分裂為二，都要轉化到自己的對立面──客體，然後才能實現再轉化，實現主體與客體的統一。主體「沉沒」到客體裏，這乃是不可避免之事，所以，黑格爾不將異化與外化、對象化相區

❹　同❶，第227頁。

❹　同❶，第278頁。

❹　黑格爾:《自然哲學》，梁志學等譯，商務印書館，1980，第21頁。

別。

別爾嘉耶夫則不然。在他那裏，客體化與對象化並不是一回事，作為主體的人的精神，必然要對象化（用黑格爾的話說，就是外化），但並不一定會客體化。如果人的精神對象化為客體以後，主體並不受客體的奴役，那麼就不會出現客體化。別爾嘉耶夫認為，是否出現客體化，關鍵在於主體是否受到自己意向的產物——客體的奴役。這一點就使別爾嘉耶夫的客體化與黑格爾的異化區別開來。

馬克思亦很重視異化概念，別爾嘉耶夫曾受到他的很大影響。他的客體化概念亦包含有馬克思異化概念的成分，但二者仍有重大的區別。馬克思以實踐觀為基礎，用異化概念分析人的勞動，認為在資本主義制度下，工人作為勞動的主體不但不能成為勞動及勞動成果的主人，反而被自己的勞動過程和勞動成果所奴役，自己不但不能在勞動過程中實現主體的力量，反而增強了奴役自身的力量；不但不能實現人的本質，反而使人的本質被轉移到客體身上。很明顯，馬克思是在物質生產勞動的社會使用方面採用異化概念的，也就是說，是在唯物主義歷史觀基礎上採用這一概念的。這就與別爾嘉耶夫的客體化概念的涵義大相逕庭了。別爾嘉耶夫完全不是在唯物主義基礎上使用這個概念的。他所指謂的是作為主體的人的精神的對象化（當然這種對象化在形式上往往以物質現象出現）及這種對象化客體對人的精神的奴役。

弄清別爾嘉耶夫的客體化概念與黑格爾、馬克思的異化概念的區別，就可以幫助我們更準確地把握他的這一概念的涵義。

2.客體化種種

儘管別爾嘉耶夫區別了對象化與客體化，但他還是承認客體化

的普遍性，認為人的精神意向只要對象化了，產生了客體，接踵而
來的往往就是客體化，就是主體受到自己對象化產物——客體的奴
役，就是個體人格的喪失。他詳細列舉了人的客體化的種種表現，
細緻入微地分析人受奴役的種種具體狀況。

a. 傳統本體論的「存在」對人的奴役

別爾嘉耶夫首先考察在哲學領域中人的客體化。他認為，傳統
本體論中的核心概念——存在，是一個脫離個體、脫離特殊的共相，
是普遍—共相，而不是特殊—共相。這樣，它實際上只是一種虛幻
的東西，因為世界上根本沒有脫離特殊的共相。儘管如此，傳統的
本體論哲學卻賦予它以世界的原初生命，認為它不僅是獨立的客體，
而且是決定主體的客體，任何傳統的本體論都將它作為自己的基礎，
其餘的一切則視為它的派生物。別爾嘉耶夫考察了從巴曼尼德
（Parmenides，盛年約在公元前504－501年）、柏拉圖（Platon，公
元前427－347年）到黑格爾的各種本體論哲學，認為它們雖然各自
相異，但在肯定「存在」的涵義上卻是一致的。這樣，在「存在」
面前，人的自由和創造、人的主體性蕩然無存，因為「存在」這一
客體主宰一切。這種本體論哲學「以存在為基石，只能建構非個體
性的哲學。奉存在為怎樣的本體論的體系是外在決定論的體系。擴
展開來說，一切客體化的理性化的體系都是這樣的體系。在那裏，
自由從存在導出，並被存在決定著，即自由是必然性的產物。存在
彰顯理念的必然性，是純粹的絕對的統一，於其中不存有突破和阻
斷的任何可能性。」❸

這種狀況是誰造成的呢？是人自己。但人造出這個「存在」以
及以其為基礎的本體論以後，並不能控制它以保證自己的自由，反

---

❸ 同❶，第58頁。

而喪失了個體人格，喪失了自己的主體性。別爾嘉耶夫說：「存在是客體，它像共相一普遍的事物一樣，循著主體的積極性的某種導向，經由主體建構出來。但存在卻顯示生存的轉移，即植根於主體的首要的真實的生存被轉移到外化的客體的深層面的幻象中。這樣就發生了倒錯：普遍的成了最高的；個別的成了卑微的。」又說：「存在僅是思想的產物，它本身匱乏任何內在的生存，純屬烏有。」❹

事實上，傳統本體論的「存在」完全是虛幻和不真實的存在，在現實上根本不存在脫離特殊的普遍一共相，沒有這樣的馬，只有特殊一共相的馬；沒有這樣的人，只有特殊一共相的人。「個別的不可重複的獨特的人，在自身中含有共相的人性，而不是人性作為共相的所屬部分而進入共相。同樣，一切具體生存著的事物都比抽象的存在更豐盈，更重要，存在的抽象的質……僅僅是獨特的具體生存著的事物的內在組成部分。」❺一旦將這種抽象的質獨立出來，則變成虛幻的東西。這種虛幻的「存在」「在意識裏發生客體化，發生人對其共相一普遍的屈從，都是人的個體人格的異化。」❻

這種客體化之所以發生，「人之所以隸屬於存在，這歸咎自身的奴隸意識。」❼許多哲學家並不瞭解人的真正自由，不瞭解個體人格的價值，總是想為人的自由尋找「客觀的」依據，總想把人的意識和精神看作普遍意識的奴隸，否認它的個體性和主體性，把它看作是「社會的」意識。因而才把「存在」概念抽象化，以為只有高

---

❹　同❶，第60頁。

❺　同❹。

❻　同❶，第60—61頁。

❼　同❹。

踞於個體之上的存在才是宇宙之根，豈不知這樣恰好淹沒了人的主
體性，「把自由轉換成了必然性，把個別的轉換成了普遍的，把個
體的轉換成了非個體性的，而與人的生存無任何關係的理性卻獨佔
鰲頭。」❹當巴曼尼德用抽象理性的「存在」否定了個別生存的真實
性以後，許許多多的哲學家就著迷於這種「存在」，以它為自己理
論的最高概念，即使不用它否定具體個別的生存，也將它置於具體、
個別的生存之上。政治家與政治學家們則從這種抽象普遍的存在生
出「國家」、「民族」、「社會」、「階級」等等概念，將其凌駕於人的
具體生存之上，強調「個人」無條件地服從「集體」，使人們為這
些抽象的普遍概念而獻身。由此可以看出，哲學上傳統本體論的謬
誤的影響之大，因而別爾嘉耶夫說：「受存在的奴役是加諸人的一切
奴役之最。」❹

b. 傳統的宗教觀念、上帝觀念和教會觀念對人的奴役

別爾嘉耶夫是傳統的基督教哲學的革新者，他之所以要進行這
種革命的改造，是因為在歷史上宗教以及宗教所宣揚的神學不但不
能保衛個體人格，反而使人產生嚴重的客體化，使人受到宗教和上
帝觀念的奴役。

上帝觀念是宗教的核心和支柱，那麼，傳統的宗教（包括基督
教）及其神學所描繪的上帝是什麼樣子呢？他們的「上帝是所有的
一切，上帝之手操辦所有的一切；唯上帝是真實的存在，而人和世
界空空然，是『無物』；唯上帝是自由的，而人不具有真正的自由；
唯上帝在創造，而人匱乏創造力，一切皆因於上帝。」❺「上帝是一

---

❹　同❶，第59頁。

❹　同❹。

❺　同❶，第71頁。

位生死予奪的君主，他為建造自己的榮耀，為構築普遍的世界秩序，利用世界的每一個部分，奴役一切個體性。」因此，人與上帝的關係也就成了奴隸與君主的關係，在上帝面前，人失卻了自己的本質和力量，只能匍匐在上帝腳下哭訴，只能以苦修贖罪，還能有什麼個體人格呢？所以，別爾嘉耶夫說：「這樣的上帝才正是一切非正義性、一切惡和個體的痛苦的證明。」❺別爾嘉耶夫認為這種神學是完全錯誤的，它只能將上帝變成奴役人的客體，完全歪曲了上帝的本質，也完全歪曲了上帝與人的關係，所以，它「既侮辱上帝的尊嚴，也侮辱人的尊嚴」❺。前面已經提到，別爾嘉耶夫認為上帝並不是殘暴的君主，不是世界的執政官，不是世界的庇護神，不是世界的Pantocratos（萬能的主），而是自由、創造、愛和犧牲，是最高的個體人格，是人的生存的意義，是人的個體的楷模，因此，上帝並不是奴役人的客體，而是與人一樣的主體，是個體人格的精神家園。上帝也沒有創造什麼必然性的世界秩序和前定和諧，讓人必須在其中過奴隸般的生活。這才是真實的上帝。

多少年來，人受傳統的宗教觀念、上帝觀念的奴役，即使別爾嘉耶夫給了人們一個真實的上帝，也並不能完全使人們從傳統觀念中解脫出來。所以如此，與傳統觀念產生之根由有關。別爾嘉耶夫指出，這裏存在著悖異：「客體化的上帝異化人並統治人，但這樣的上帝卻經由人意識的有限性造出，是人意識的有限性的反映。……人以自己的意象去模塑上帝，因此，投給上帝的，不僅有美好的，也有卑劣的。被人意識模塑出來的上帝，印著『上帝人形論』和『社會變形論』的遺痕。」「存於人觀念中的上帝所反映的僅是人的社會

---

❺　同❶，第70頁。

❺　同❺。

關係和主僕關係。」❸這也就是說，傳統宗教將人的社會中的統治與
奴役的關係、主人與奴隸的關係加於上帝的觀念上，將君王、統治
者的形象想像為上帝的形象，於是便將上帝當作統治世界的「萬能
的主」，當成取消人的自由的絕對偶像。這是異常典型的客體化，也
就是將主體（人）的精神產物變成主宰主體的客體，實則為人的自
我奴役。所以，別爾嘉耶夫說：「不是上帝奴役人，而是神學奴役
人。」❹

c. 自然對人的奴役

　　傳統本體論對人的奴役和傳統宗教的上帝觀念對人的奴役，人
早已覺察，對其的沉思與反抗早已開始，但是，別爾嘉耶夫指出：
「人卻一直無視自己受自然的奴役。」❺在許多人看來，作自然的順
服奴隸不但是不得已之事，而且是幸事。這實在非常悲哀。

　　首先，需要對「自然」進行界定。別爾嘉耶夫說：「我所使用
的『自然』一詞，不作為文化、文明、超自然和神賜的對立物，不
取其宇宙和神造的含意，不是那個有別於靈魂的物質空間。」「我所
理解的自然不指涉動物、植物、礦物或者星星、森林、海洋，因為
它們都具有內在的生存，都屬於生存的世界，而不屬於客體化世
界。」❻這就是說,由上帝創造的宇宙萬物自身並不是奴役人的自然,
它們由於上帝而獲得自己的生存，它們的存在並不對人構成任何威
脅。別爾嘉耶夫認為，真正奴役人的是另一種自然，即是具有決定
性、因果性、規律性、必然性、目的性、機械性的自然，這樣的自

❸　同❶，第64頁。
❹　同❶，第65頁。
❺　同❶，第75頁。
❻　同❶，第76頁。

然迫使人去服從它，強迫人放棄自由，甚至使人變成自然的一個因素，一個分子。他說：「我界定自然，首先把自然作為自由的對立物，首先審視自然秩序與自由秩序之間的區別。」❺❼可見，他說的自然並非原初的自然，而是由自然科學和技術闡釋的和改造的自然。

這種自然對人的奴役有多種形式。

形式之一：人受自己對自然的解釋的奴役。

長期以來，人類不斷地以自然為對象進行各種解釋，這種解釋首先將自然當作客體與人對立起來，使自然具有異己性，人也就由此與自然格格不入，拉開了距離，對待自然物的態度，以對自己是否有利為標準。其次，這種解釋將自然看作由因果性、必然性、規律性統治的決定論系統，其中的秩序一成不變，不可侵犯，在這樣決定性秩序面前，人的自由無計可施，人只能俯首貼耳，絕對順從。「在這裏，受『世界』奴役性和生存的僵死性的束縛，不僅人，甚至動物、植物、礦物都一併淪為奴隸。」❺❽絕對的決定性規律進行著全面的統治。再次，不僅自然科學，而且神學也加入對自然的客體化解釋，宣揚「自然」的目的論，認為整個自然從宏觀到微觀都在追求一個既定的目的。別爾嘉耶夫說：「有關宇宙進程的客體的目的論，它摧毀人的自由、個體人格和創造，它實際上是理念的唯靈論的決定論。客體化世界根本不存有合目的性。」❺❾第四，哲學對「自然」進行整體性解釋，認為自然具有整體性，這種不切實的解釋也增強了自然的客體化力量，使人在自然面前更加畏葸。

事實上，人對自然的這些解釋並不與自然本身相符，但人卻以

---

❺❼　同❺❻。

❺❽　同❶，第77頁。

❺❾　同❶，第81頁。

此為自己畫了一個牢籠，使自己受其奴役達數千年之久。真正的自然並非如人們解釋的那樣，是一個因果性、規律性、目的性的決定論王國。別爾嘉耶夫說：「因果關係不彰顯任何意義，自然王國並不意味著完全是連續的、平順的必然性和因果性，自然中也會出現斷裂、突變、『萬一』。」至於規律，人們都是通過統計得出來的，但這種統計的結果並不具有必然性。所以，「必須終止因果性和規律的統治。規律僅僅是給定體系中的力量的對比關係。即使自然是決定論的秩序，也不是封閉的秩序，另一種秩序的力量也可以進入其中，從而改變原來體系中的相互關係的結果。」❻⓿ 人向自然去尋找規律、統一、整體，結果找到的只是部分。自然科學與哲學總要以認識整體的世界規律為己任，總以發現自然的整體特徵自詡，這實在大謬不然。從基督教人本學出發，別爾嘉耶夫指出，「整體存於精神，不存於自然。可以體認整體的僅僅是上帝……即使有關自然的科學，也無力扮演世界整體和宇宙統一的角色，它僅能認識自然的部分性。」任何科學的結論，都是根據部分得出來的，都無權自認為是整體的規律。如果說科學的結論尚有實證的根據，哲學所得出的「整體性」規律性則是出於想像，連實證的根據也沒有。所以，別爾嘉耶夫得出結論說：「沒有整體的規律，沒有自然的規律。整個世界的規律不是自然規律，即使有自然規律，它也僅是部分的，也僅能朝向部分。」❻①

　　形式之二：主體被客體化。

　　人作為主體，是由於精神。人雖有自然的方面，卻不能將之等同於自然的客體。但是，在世界中，人常常混跡於自然之中，丟掉

❻⓿　同❺⑧。

❻①　同❶，第80－81頁。

了自己的主體性，愈益物質化，甚至把自己變成決定性的自然王國的一分子，完全成為客體，這就要受自然秩序的奴役。「在這裏，一切被轉換成客體，客體即意味著外在的決定化、異己性、向外拋出、非個體性。」這時的人丟掉自由，丟掉精神，愈益物質化，哪裏還會有什麼個體人格？別爾嘉耶夫說：「物質顯示依賴性和外在的決定性，所以它是客體。不斷增長著的物質性強化人的奴役地位，奴役即物化。物質自身除給予人以沉重的客體性，便空空然矣。」簡言之，「物質性即客體化，即生存的物化。」❷一個人如果被物質欲望所牽引，貪圖物質享受，成為行屍走肉，那是完全物質化了；而如果只知從事物質勞動，變成一架機器，那也接近於完全的物質化。總之，人的本質是精神、自由與創造，丟棄了這些也就喪失了主體性，不僅受物質客體的奴役，甚至自身也變成物質客體了。所以，別爾嘉耶夫說：「奴役人的最酷烈的形式其過於物質性和物質的必然性，因為這一形式總輕捷地攻佔一切。」❸

形式之三：人受自己發明的科學技術的奴役。

真實的自然具有自發力量，這種自發力量也對人進行奴役。為了反抗這種自發力，人類發明了科學技術，這時就像馬克思所說，人造出了一個「人化自然」、新自然，這種自然顯示著人的技術的威力，使人們在一定程度上克服了自然的自發力的奴役。但是，別爾嘉耶夫說：「在這種技術權力中，當人部分地脫出自然的自發力的奴役時，卻又輕易地陷入另一張網絡，即受自己造出來的技術的奴役。技術和機器烙印著宇宙進化論的印記，它們是一種新自然，人被置於它們的權力統治之下。」在這個過程中，精神經由自身的掙扎，

---

❷　同❶，第78頁。

❸　同❷。

揭示對自然的科學認識，創立技術。可是，當精神外化為外在的技
術和機器時，就包含著失去精神自由的危險，一旦精神不能保持自
己的自由，沉迷於自己的造物而丟失自己真正的家園時，就受到了
客體化的奴役，「精神自身便喪失獨立性，便發生外化和客體化。」
別爾嘉耶夫把精神的這種「創造─客體化」的過程稱作「精神的辯
證法」❻，意指這個過程之不可避免。回顧歷史，我們當知別爾嘉
耶夫所談不差。科技的進步既有其人性面，又有其非人性面；它既
幫助人戰勝自然的自發力，又成為束縛人的精神自由、精神創造力，
甚至危及人的正常生存（如武器）的物質力量。

d. 社會對人的奴役

「社會奴役是人受奴役的最重要的形式之一。在幾千年的文明
中，人全然成了社會化的生存物，有關人的社會學理論也一再鼓噪
社會化造就了人，而人，則睡眼惺忪，完全沉溺在社會的這種催眠
術中，很難把握住自己的命運，去同社會奴役抗爭。」❺

總起來說，社會對人的奴役表現為社會高於個人，個人應服從
社會，無條件地獻身社會；社會是整體，個人只是部分；社會是必
然的，個人沒有自由；社會是有機體，個人只是其中微不足道的一
分子；社會是神聖的庇護者，個人則是弱小的被保護者；社會是強
大的實體，個人無能反抗，個人沒有主體性。所以，在社會面前，
個體人格喪失殆盡。幾千年來，人都以為這是無法動搖的永恆法則，
不論在什麼時代，社會總是具有整體性、神聖性、實體性，個人無
法動撼它。當有人想反抗社會時，總要受到警告：「你面前矗立的
是一堵鐵壁銅牆！」

---

❻ 同❶，第79頁。

❺ 同❶，第84頁。

別爾嘉耶夫則尖銳地指出：「是人造生了對社會的奴隸式的依附性，當人把社會實體化，構想有關社會的種種神話時，就造出了這種依附性。」❻❻人所設想的社會，各種社會學理論所描述的社會並非是真實的社會，頂多是片面的社會；如果從個體人格的角度去看，所謂的社會的整體性、有機性、神聖性、實體性，都子虛烏有。

首先，所謂社會的整體性問題。許多社會學都把社會當作整體，而把人看作它的組成部分，把社會與個人的關係理解為整體與部分的關係。甚至認為人是社會的創造物，由於社會的恩賜，個人才能擁有一切，所以個人應對社會奉獻和犧牲。別爾嘉耶夫認為，事實上，「個體人才是社會的一部分，才服從社會；而個體人格不是社會的一部分，不服從於社會；相反，社會卻是個體人格的一部分並應服從於它。」❻❼這就是說，社會具有真實的存在，這種存在當然與個人具有真實的關係。但是，不能籠統地、抽象地說社會是整體，個人是部分，社會由個人組成。因為只能就自然人（即個體人）來說，社會才是整體；而就個體人格而言，則是獨立於社會的，社會並不能成為自由的個體人格的整體而高踞於其上。別爾嘉耶夫在這裏強調的是，個體人格的獨立自主。更進一步說，由於人是小宇宙，個體人格是這個小宇宙的凝聚，因而個體人格所應對的大千世界是多方面的，其中也包括社會，從這一角度來說，社會就不但不是整體，反而成了個體人格的部分。自由、創造，這是個體人格的質，社會永遠不可能統攝它，相反，它卻可以將社會當作自己應對的部分。

第二，關於社會的有機性問題。與社會的整體相連，許多社會

---

❻❻　同❶，第95頁。

❻❼　同❻❺。

學理論總是把社會闡釋為有機性。所謂有機性，無非是說社會和社會生活具有整體結構，具有規律性和必然性。講到結構，這些理論便導致等級論（「一旦把社會詮釋為有機體，便會投靠社會的等級論」⑱）；講到規律性和必然性，這些理論便要得出任何社會現象（包括各種社會制度、革命以至罪惡和不公正）的合理性。這樣，人在這種社會結構和社會現象面前，便成了聽憑命運擺佈的奴隸。所以，別爾嘉耶夫說：「社會有機理論堪稱生物學的類比遊戲。科學法則被納入社會生活且絕對化。這是機械的類比遊戲。把決定論實體化，構想自身在社會生活中握有生死予奪的絕對力量，以及把必然性和規律性精神化，這一切均為了開釋社會的惡和社會的不公正，均無任何真實性，均是對人的奴役。」⑲

從個體人格的角度來看，「社會不是有機體，而是合作社。」諸多個體人格結成自由人的共同體，在這共同體中，任何個體人格都是獨立的、自由的，彼此之間則是平等的、合作的。「自由人的社會是精神式的，不是等級式的；是人格主義的，不是決定化的；是自由的，不是統治者；是互助、仁慈的，不是強權暴力的。唯有這樣的社會，才不是奴隸式的社會。」⑳而當人丟失了個體人格，只從個體人（自然人）的角度去看社會，便產生了精神的客體化，即將自己對社會有機性的解釋當成真實的客體性，從而使自己受此的奴役。

至於社會的神聖性，完全是由社會的整體性、有機性的觀念引申而來。正是由於人們對社會的整體性、有機性懷著深深的敬意（也

---

⑱ 同❶，第91頁。

⑲ 同❶，第91－92頁。

⑳ 同❶，第88頁。

包含對其的懼怕），才賦予其神聖的光環，在其神聖性面前感到自己的渺小，這是一種力量很大的信仰。但是，別爾嘉耶夫說：「凝聚社會的信仰並非全是真理，也可能是偽理。奉社會和國家為聖物，把社會和國家凌駕於人和個體人格之上的信仰，便是偽理。……在社會的基石中總少不了神話和象徵，大眾缺少它們，便無法存活。」當保守主義的神話和象徵解體時，受其支撐和凝聚的那個社會也立即逝去，大眾便從舊的社會的神聖性中解脫出來。但是，「隨著革命的來臨，又會孕育出新的神話和象徵。」**⑦**人們又要受新的社會的神聖性的奴役。

總之，所謂社會的整體性、有機性、神聖性都不是真實的存在，只是個體人（自然人）的體認。真實的社會是個體人格的應對的部分，是個體人格與個體人格之間的「交會」，但是，真正使人從神聖性和象徵性的社會中解放出來，則是非常漫長而艱巨的過程。

e. **國家對人的奴役**

與社會密切關聯的就是國家。人不僅受社會的奴役，更受國家的奴役。

國家亦為人之造物，人造國家本為自己，所以，別爾嘉耶夫說：「國家和帝國再偉大，也不能與人相提並論」，因為「國家的生存為了人，不是人的生存為了國家。政權和政府僅是服務而已，僅是人的權利和國家的有限功能的護衛者。即便那種可以為人接受的國家，充其量具有人的價值的象徵，而不具有國家的偉大。」**⑫**國家既是人造出並用以為自己服務的機構，它就必須具有一定的功能，不然它無法為人服務。它在這些為人服務的功能上應努力拓展，「例

⑦　同**❶**，第93頁。

⑫　同**❶**，第128頁。

如，國家不能姑息經濟生活中的剝削，不能容忍社會生活出現飢餓、貧困、失業，否則就意味著國家瀆職。杜絕這一切現象的出現應是國家的重要職能。國家主要應是一個發揮保障、監督和檢查作用的機構，國家對經濟的關注，其主旨不在於擴充國家的經濟生活的權力，而在於拓展和保障個體經濟生活的權利」，從而根除經濟上的特權，實現人的個體人格。為此，「國家有責任保護個體人自主的秩序。」**⑦**別爾嘉耶夫認為，國家對人所顯示的必要性，證明國家在價值的諸多等級中「列於末位」**⑦**，因為它的價值僅只在於為人服務，保證人的個體人格和自由的秩序，它是為主體服務的，並不具有獨立於主體之外的客體性。

然而，在長期的歷史中，國家早已超出自己應有的功能，變成凌駕於人之上的龐大的獨立的客體，它僅在極小限度內還保留應有的功能，而在其他方面則大大拓展，結果不是它為人服務，而是人為它服務，別爾嘉耶夫說：「人不停地尋求自己的王國，然後終其一生建造這個王國，並施行自己的統治，到頭來人也被鑄成了它的奴隸。」**⑦**國家掩耳盜鈴地宣稱自己擁有至高無上的意義，自己能代表一切，自己是人的生活的最高目的，而人的生存則應成為國家的手段。這就釀就了人類生活的最大悲劇：人失去了自己，失去了獨立性，失去了個體人格；一切以國家的目的為轉移，以國家的是非為是非，即使國家實行法西斯主義，個人也要絕對服從並加以頌揚。國家就是霍布斯 (Thomas Hobbes, 1588—1697) 所說的怪獸利維坦 (Leviathan)**⑦**，在它的統治之下，人間社會出現了多少罪惡！戰爭

---

⑦ 同**❶**，第128—129頁。

⑦ 同**❶**，第129頁。

⑦ 同**❶**，第118頁。

暴行、巧取豪奪、製造冤獄、隱善揚惡、奢侈腐敗……，都是在實現國家「偉大」目的的名義下進行的；個體人的頭上高懸著國家的利劍，使個體人格喪失殆盡。所以產生這種情況，別爾嘉耶夫認為是由於國家的特性造成的：「國家，按其天性就要集權，就不可能給任何人和任何事物以主權。」❼國家把權力盡力集中在自己手中，「把自己的強權凌駕於人和生活之上，並傾向於無限制地行使強權。這就是國家的真實性。」❽國家的這種特性就被政治野心家或某些集團所利用，他們把持國家政權，並用普遍的利益之代表自詡，壓力與欺騙並用，溺人民於國家的威權之下而不能自拔。由此看來，即使是最為人稱道的所謂國家的偉大領袖、偉大的政治家都無任何偉大可言。「被譽為國家的和政治的偉大活動家實在無任何睿智可言，他們老朽、保守、唯唯諾諾、套話連篇，重複公眾的意見，迎合中檔次人的口味。……連拿破崙也不是什麼奇才，只是由於法國大革命，他才有可能攫取到關於世界民主政治和歐洲代表議會的思想。至於拿破崙本人，則居心叵測，他受魔鬼般的強力意志的教唆，做著帝國的迷夢。」「大歷史人物的多數以及擁有國家級智慧的大部分人，他們無非僅代表犯罪、偽善、凶狠、殘忍，沒有這些便造不出政治家。」❾別爾嘉耶夫得出結論說：「政權增生惡且服務於惡。大凡握有權杖的人，難免不敗壞，難免不集大惡於自身。」❿

---

❼ 利維坦是《聖經》裏記載的一種巨大的水生怪物，霍布斯用其比擬國家。

❼ 同❶，第119頁。

❽ 同❶，第123頁。

❾ 同❶，第122頁。

❿ 同❶，第127—128頁。

國家的集權特性還必然產生官僚主義。官僚主義出自國家政權的根本的原則，「國家不能缺少官僚政治，當然，國家更不會剪除官僚政治。」無論任何制度的國家，即使宣佈自己是最民主的國家，或者宣佈自己這裏才實現了真民主的社會主義國家，實際上都是實行的官僚政治。別爾嘉耶夫說：「我們看到，社會主義國家最沉重的負面價值是它自身會不斷地擴充和加強官僚政治。」這種官僚政治對個人的自由和個體人格不感興趣，在它看來最有價值的不是人的自由，而是「非人性的單位——數字」❸。只要為了數字（經濟發展數字、軍事力量的數字、政治運動的各種數字、文化數字等等）的增長，犧牲人的自由甚至人的生命都在所不惜。總之，由國家特性所生出的一切，「無論是官僚政治，或是金錢、諜報、謊言、暴力……都只存於客體化的、異化的、決定論的、非人性的世界。這是一個失去自由、愛和友誼的世界。國家特別不乏這個世界敗壞了的諸種質性。」「國家的強盛和偉大，其基礎建在人的暴虐的本能上，並取用了客體化世界中完全失去自由、個體人格和人的意象的極端形式。」❽

但是，人為什麼會受到本應服務於自身的國家的奴役呢？這種客體化究竟是如何發生的呢？別爾嘉耶夫認為，從根本上說，仍源於人的兩重性。當人沉溺於塵世，為塵世的權力和利益所誘惑而不思向更高的境界建構和昇華自己的人格時，便會被國家的假象所迷惑。就這裏所論的問題來說，存在著上帝的王國和塵世的王國，發生客體化的「癥結是：人不僅沒有沉思上帝的王國和上帝的真理，反而馴服於塵寰的力量。」❽「世界的一切王國都仇視上帝王國。誰

---

❸ 同❶，第130頁。

❽ 同❶，第130—131頁。

尋找凱撒王國，誰就不會再尋找上帝王國。凱撒王國的強盛偉大意
味著人受奴役。」❽更簡捷地說，這是由於人的墮落。人不顧上帝王
國的召喚，不顧自己內在良心的譴責，把「現實的」利益看得高於
一切，把獲得和保護這些利益的希望完全寄託在塵世的王國身上，
「人自身心甘情願地把自己創造的本能投放在國家的建設中，人不
僅企望受國家羽翼的庇護，還擔心不能為它竭忠盡誠。人的主要的
惡和人受奴役的孽根也正在這裏。」所以，「國家最終也是人自身狀
態的外化和客體化的投射。國家政權的巨大誘惑之所以不可戰勝，
是由於人的特定狀態和人的生存的某些特性。準確地說，這是人的
墮落狀態。」❺

f. 革命對人的奴役

革命在人類社會的命運中是一椿永在的現象，一切時代都留駐
革命的足跡。各個不同時代的一切受壓迫勞苦大眾為反抗奴役和等
級制，無不訴諸革命。這是人的一項重要而不斷的活動，它對個體
人格會產生什麼作用呢？

別爾嘉耶夫認為，人類的這種活動具有兩重性，一方面，革命
作為對惡的反抗，「將蕩滌奴役人的某種形式。新的人民階層總賦
予歷史創造的積極性」❻。沒有革命，奴隸主、封建主、暴君、專
制主義等的統治無法被推翻；在革命中出現的人民的創造積極性也
是空前的，這些都應肯定。但是，另一方面，革命並不能使人得到
徹底解放，最終仍然淪於奴役之下。這種客體化是極為嚴重的，「本

❽　同❶，第121頁。

❽　同❶，第132頁。

❺　同❶，第124頁。

❻　同❶，第174頁。

來，人寄期望於革命，渴慕革命把人從國家強權、貴族、布爾喬亞的統治下解放出來，從虛幻的聖物和偶像下解放出來，從一切奴役中解放出來，但是不幸得很，新的偶像、聖物和暴君不斷地被造出來，它們不斷地奴役著人。」❸別爾嘉耶夫著力於分析這種狀況。

革命為什麼不能達到人們預期的目的？為什麼發生這種客體違背主體意願反而奴役主體的狀況呢？

首先，由於革命的自然力具有極大的破壞性。這種自然力表現為暴力和戰爭。本來，舊的奴役形式不用暴力是難以克服的，但這種自然力是人所控制不了的。於是就出現恐怖，最後，新的王國則由暴力的恐怖所建立。別爾嘉耶夫說：「革命的天意正在於此：它不可避免地導向恐怖，而恐怖意味著失去一切人的自由。……勝利者並不由於勝利而表現得寬容仁慈，而是更加冷酷殘忍，肆意摧毀一切。」恐怖鎮壓著失敗者，恐怖也腐蝕著勝利者，「人們平常只看見被戰勝者是奴隸，卻沒有從更深的層面上發現勝利者同樣是奴隸，甚至可以說，勝利者更匱乏自由人的氣質，其良心、人性和理智早被魔鬼劫走。」 而且，這種恐怖主要「由集體有組織地施行，以脅迫人們歸順政權」，因而更加殘酷。所以，「這種恐怖堪稱人生活中最卑劣的行徑，標誌人的墮落和人的意象的淪喪」，它與反革命的恐怖並無本質的不同，只不過「反革命的恐怖更卑劣，更易被人識破罷了。」❸

其次，由於革命顛倒著目的與手段的關係。

如果說暴力是克服舊的奴役形式不得不採取的手段，那麼，採用手段就應以目的的實現為轉移，從而將其控制在一定程度上。但

---

❸　同❶，第167頁。

❸　同❶，第171頁。

是，在革命中卻並非如此。「關聯於革命的恐怖，它不是目的，卻被當成了目的。」革命者以為，「為著將來的自由、人性、歡樂，現在便可以不擇手段。或者說，只要將來是一片樂園，現在何妨是一個廢墟？一句話，目的既然高尚，手段便無可非議。」其實，他們所認作將來才應實現的偉大目的，事實上是「永遠不能實現的目的」，這樣，原先的目的成了幻象，而極端的手段成了追求的目的。別爾嘉耶夫指出，「這裏的邏輯是：革命尋找勝利→勝利給予力量→力量即暴力。」⑧

　　第三，由於「在革命與時間的關聯中，革命敗壞了時間。」⑨

　　別爾嘉耶夫認為，這是一個有關革命的形而上的重要問題。塵世的時間分為過去、現在、將來。革命無疑發生在「現在」，革命者理應聽命於「現在」。但是實際上革命更加重視的是「過去」和「將來」。「革命伊始，為引發人的鬥爭熱情，常拚命刺激人的記憶，極期望人走入過去。這時，歷史由記憶整形」，從而動員人們去推翻舊的奴役形式。而在革命中，它又把人的目光引向將來，極端樂觀地對待將來，過去和將來成了革命最重要的動力。這樣，「由於革命太關注過去和將來，所以它並不認識也並不擁有現在。」⑨ 不能把握「現在」的革命則聽由「過去」和「將來」牽著走，不可避免地引發出許多不合理的東西，或者受某些傳統的制約（雖然它要打倒傳統，但「過去」的陰影終會使其產生陰暗的成分），或者出現超越現在的過激行為。

　　革命敗壞時間的另一表現是，革命將其要打倒的對象放入時間

---

⑧　同❶，第170—171頁。

⑨　同❶，第172頁。

⑨　同⑨。

之中，而將自己放在時間之外。革命只注重行程，只任性地往前走，
而不知自己亦是處於時間的「過去－現在－將來」的系統之中。
最突出的表現為它忘記自己是從「過去」走來的。別爾嘉耶夫說：
「令人吃驚的是：革命忘記自身的歷史，忘記人們曾經舉雙臂恭迎
它，為它奉獻和犧牲，作它的先鋒、鬥士、鼓吹者、創造者。革命
記不得這一切，更不知道感恩戴德，於是成批的仁人志士被它殺
死。」❷

　　從以上可以看出，「革命也許是必需和正義，但無論如何不是
神聖。」❸靠塵世間的這種革命，不可能徹底消除奴役，只能以新的
奴役方式代替舊的奴役方式。別爾嘉耶夫並不完全否定革命，他也
充分肯定革命的意義。比如，他說：「在這個世界上不可能以和平
與無衝突的方式長入幸福。階級所利用的那種幸福和繁榮，疊築在
相對的不幸和犧牲之上。」這種相對的不幸和犧牲積累起來就會引
發革命，這是必然的。誰也不能要求人長期忍受這種不幸和犧牲。
革命雖會造成死亡，革命雖是「部分的死」，但革命的本意則是「以
部分的死換取全新的生」❹。從理論來說，這也是合乎正義的。問
題在於，在革命的過程中，不可避免地發生客體化，使這一過程及
其結果形成新的對人的奴役，比如用「部分的死」去換取的「全新
的生」，就絕不是革命者所構想的那樣，是普遍的繁榮與長久的幸
福，而是人民「遍歷痛苦的深淵」❺。

　　歸根結底，塵世間的這種革命不是真正的革命，它也只能更替

---

❷　同❾。
❸　同❾。
❹　同❶，第168頁。
❺　同❹。

人的奴役形式，別爾嘉耶夫認為，「真正深刻和具體的革命發生在人的意識中，即需要更新人的意識結構，更新人與客體化世界的關係，歷史的革命終究無法成就這一奇蹟，因為歷史處在決定論的位置上，它受命運主宰，不受自由的引導。」這種革命總是以「革命的精神」對抗「精神的革命」**㊏**，豈不知沒有精神的革命，人的精神得不到昇華，個體人格被淹沒，人將永遭奴役之苦。

g. 文明和文化對人的奴役

別爾嘉耶夫深入考察了文明、文化與個體人格的關係，指出它們對人的奴役也是十分嚴重的。他認為文明與文化不是同一的概念，「發明和創造技術工具，包括原始人的製作，就是文明。文明是社會的過程，……文明更應指社會的集體的過程」，它「意味著客體化和社會化的重要階段」；而文化則指「個體人的趨達深層面的過程，……意味著精神活動對物質的加工，意味著形式取勝物質」。所以，「文化更貼近個體人格和精神」**㊐**。按照這種解釋，我們可以瞭解，他所說的「文明」多指今天所說的物質文明，特別是科學技術及其產物；而他所說的「文化」則指個人的人文素養及人文創造(包括人文學科及文學藝術)。前者與人的社會化過程緊密相連，因為它更是人的集體性活動；後者則屬個體性行為，因而它直接影響個體人格的建構。當然，他也指出，這二者的區別也是相對的，常常是你中有我，我中有你。

總起來說，不論文明還是文化，都是主體的產物，都是主體力量的外化。「為著從自然的自發力之脅迫下解放出來，人創造了文明。人發明和製造工具，把工具放置在人與自然之間，以作為人抵

㊏ 同**㊏**。

㊐ 同**❶**，第102—130頁。

禦自然的一塊盾牌，……接下去，人則無止境地改進和完善這些工具。」人逐漸忘記創造文明是為了自己，自己才是文明的目的,「無論如何，文明不是人生存的最後目的和最高價值。文明應解救人並給人以解救的手段。」 但是，由於文明是「人的生存的客體化，所以文明攜帶著奴役的基因」， 當文明成為獨立於人的客體時，就存在著把主體──人變為它的奴隸的危險。事實就是如此，人為了發明技術而奮鬥，為了改進工具而獻身，文明成了必須小心伺候的主人。這樣，「文明阻止人拓展自身的整體性和自身圓融充足的生活，把人貶成了奴隸。」❾⓼文明發展到今天，「人感受到自身被文明世界的多樣性所擠壓，人被置於一種特殊的工具統治下。這正是人受到的奴役和人面臨的困境。當今，在每個人的生活裏，物質的多樣性與日俱增，致使人無法擺脫物質的誘惑和統治。複雜化了的文明給予人的僅僅是：人棲息於文明的種種規範和條件之下，人自身也被規則化。換言之，在文明中，人的一切生存被客體化，即外化和向外拋出。」 別爾嘉耶夫激烈地揭露文明的負面動應，駁斥對文明進行的全面辯護，指出：「文明化的野蠻早令人怵目驚心，早不再散發絲毫『自然的』氣息，人早就完全籠罩在機器和技術這頭怪物之下。工業技術文明就是不斷增長著的文明的野蠻，就是人的質的墮落。」❾⓽除了文明發展帶給人肉體和精神的損害以外，別爾嘉耶夫還指出，文明是「經由恐怖的社會壓迫和社會不平等」而產生的，文明的長足挺進更是「置大多數人（勞苦群眾）於被壓迫和被剝削的深淵」⓾。因此，他像盧梭(Rousseau, 1712—1778)、列・托爾斯泰

---

❾⓼　同❶，第98－99頁。

❾⓽　同❶，第100頁。

⓾　同❶，第98頁。

一樣，認為文明的發展與人的發展背道而馳，呼籲人們從這種客體化之下解放出來。不過，他並不同意從文明返回自然，而認為「從文明進到自由」才是解放之路⑩。

　別爾嘉耶夫對文化的評價較高，他認為文化體現了人的精神的高層追求，即對真理、愛、正義和美的追求，這種追求是個體人格的特質。但是，由於人無法脫離社會，人的這種追求和創造體現在文化上就必然變成客體，受到社會的制約，反轉過來奴役人本身。他說：「人的創造之舉產生文化和文化價值。人為此投注自己的巨大能量，展示自己的天才性，但與此同時，人也造生了創造悲劇，即創造勞動、創造動機與創造產品相悖。具體說，創造是火花，文化卻是火花的熄滅；創造行動是向上騰飛，攻克客體化世界，突破決定論，創造產品卻是向下沉淪，僅作為一種『觸覺』；創造行動展現在主體性中，創造產品卻移到了客體性中。一句話，人的本性在文化中發生了異化和外化。這亦是受文化產品和文化價值奴役的原因。」⑩人的創造產品構成文化，而文化則被社會化，被安置在為國家、社會服務的位置上，於是它成為統治機器的組成部分，對人進行統治。別爾嘉耶夫這樣描述文化人及其創造物的命運：「令人驚心動魄的是，創造者及其創造出來的一切常輕易被社會的統一化所銷蝕。低價值（如國家）總企圖奴役和統治高價值（如精神生活、認識、藝術）。」「當文化上流人士接納模仿性，順應傳統時，他的一切行動的基點便轉移到社會，他就不再是真實的個體人格，……文化銷蝕天才的火花，把猛獸馴化為家畜。」⑩一些具有獨立創造精

----

⑩　同❶，第99頁。

⑩　同❶，第105－106頁。

⑩　同❶，第103頁。

神的文化人士變成追逐名利的御用文人，就是這種客體化的例證。

　　除此之外，高層文化人士的自視清高、孤芳自賞、自我封閉、自封偶像，或者人們把藝術、科學及其文化產品偶像化，使人受這些偶像的奴役，也是非常顯著的客體化現象。別爾嘉耶夫指出，「文化性的唯美主義、紳士主義等是奴役人的主要形式。」**⑩**他推崇「精神貴族」，認為他們的貴族主義「與自己的服務意識相連，不與自己的權益祿位相連。貴族主義渴念進入精神的自由，卓然獨立於周遭世界，不苟合於人的數量，而只聆聽內在的即上帝的和良心的聲音。貴族主義是個體人格的一種現象，不能把它混淆於物質世界的奴役。」也不能把它混淆於「由社會進程產生的種姓的貴族」，那種貴族主義是「虛偽的貴族主義」**⑩**。問題在於，真正具有貴族主義的精神貴族實在是太少了。

　h. 自我對人的奴役

　　人不僅受外化的客體的奴役，還受自我的奴役。從根本上說，凡受外在客體的奴役，無不經由自我。一方面，「人受各種偶像的奴役，但又有哪一種偶像不是人的作品？人成為奴隸，這在於人把自身向外拋出，異化了自身，而最終的孽根還存在於人的內在。」**⑩**奴役人的客體皆為人之造物，歸根結底，人還是受自我的奴役。另一方面，人受客體的奴役，還有一個意志問題，別爾嘉耶夫說，人受客體之奴役，從「深層面上」說是「人姑息自己做奴隸，奴隸式地順從外在力量的奴役。……例如，集權國家中幾乎所有的人都是奴隸，深究起來，這只不過是現象而已，其根源還在於人的意識結

---

⑩　同❶，第108頁。

⑩　同❶，第104—105頁。

⑩　同❶，第110頁。

構。……人奴隸式地審視『非我』，首先因為奴隸式的審視『我』。⓿
國家本不應是奴役人的客體，而應服務於人，但人卻把它看作是自
己的管理者、保護者、統治者，自己甘於受它的奴役。別爾嘉耶
夫認為人的這種意識結構是人受國家奴役的前提。陀思妥耶夫斯基在
《卡拉馬佐夫兄弟》中所描述的宗教大法官把這種客體化現象看得
最為透徹，他認為人民是自願放棄自己的自由，甘願受統治者的奴
役，以贏得統治者的保護。如果說奴役的話，人首先受自我的奴役。

　　有人以為，自我中心主義和個人主義可以幫助人攻克客體的奴
役。別爾嘉耶夫堅決批判這種觀念，他認為這二者不但不可能使人
獲得解脫，反而會更加重人所受的奴役。因為這二者所勾勒的世界
面貌和自然狀態都是不真實的，都是虛假的。自我中心主義和個人
主義都崇尚自我。將自我看得高於一切，實際上毀壞了自我與上帝、
世界和「他者」的關係，實行自我確定。這首先就是受自我的奴役。
同時，這種封閉的自我確定一旦不能實現（肯定不能實現），　人便
不得不求助於外在客體，去受客體的奴役。這時，他便會投機鑽營，
追逐實惠，扼殺別人，也扼殺自己。別爾嘉耶夫概括說：「人受奴
役也許是人太沉溺於自己的那個『我』，　太專注自己的狀態。當人
與世界和他人不再發生任何關係時，人也就完全被拋入外在，被拋
入世界的客體性，以致喪失掉對自己的『我』的意識。」⓿

　　別爾嘉耶夫認為，客體的奴役與自我的奴役是不可分割的，是
必然聯繫在一起的，「自然的與客體化世界的奴役，是奴役的『一
體兩面』。對統治、強力、功業、榮譽、享樂的企盼，即是被奴役，
即意味著用奴隸式的態度觀照自己和世界，並把自己和世界奉獻給

⓿　同❶，第110—111頁。
⓿　同❶，第111頁。

統治者的淫威。」 ⑩

　　別爾嘉耶夫還考察了民族、財產、金錢、戰爭、烏托邦、社會
主義、愛欲、美感等等對人的奴役，因為篇幅關係，這裏不能一一
論及。總觀他對人的客體化的多方面的具體論述，可以看出他的核
心思想：由於人的兩重性，人不可能順利建構個體人格。事實證明，
客體化是人的必經之路，只有在與客體化的艱苦卓絕的鬥爭中，才
有可能建構與拓展個體人格，才有可能找到人的精神家園，才有可
能回到上帝父親的王國。這就是人的痛苦而不可避免的命運，是真
正的人生悲劇。

三、人的解救

1.人的解救是精神的要求

　　人的客體化，人之受到多方的奴役，這是人類在相當長時間裏
的歷史。在這過程中，人往往對奴役習焉不察，甚至感到舒適。但
是由於在種種奴役中精神最易感受痛苦，隨著時間的推移，這種痛
苦也愈加強烈，對解救的企盼也就愈加強烈。首先希冀得到解救，
獲取自由的總是具有高質文化的人，當他們求解放、愛自由之心愈
益強烈之時，大多數人仍身陷奴役而樂在其中，這特別是由於獲取
自由其實非常艱辛，處在被奴役的位置上反倒輕鬆得多（這往往也
決定了知識階層是社會中精神最為痛苦的階層）。 別爾嘉耶夫由此
得出結論說：「人自身存有獨立於世界即不受世界決定的精神源頭。
人的解救是精神的要求。」 ⑩

---

⑩　同❶，第114頁。

　　同時，人的解救也首先須是精神的解救。如果沒有精神的解救，其他的奴役都不可能消除，因為人受各種奴役都要先經由人的意識，不在精神中消除奴役性的意識，如將客體偶像化，對目的與手段的顛倒認識，奴隸式地審視「自我」與「非我」，對社會、國家與人的關係的錯誤認識，對文明的美化等等，消除各種奴役則無法做到。

　　由此可見，人的解救不能從物質與精神的二元對立的角度去理解，以為人的解救只是精神從物質的奴役下的解救。因為精神不僅受物質客體的奴役，同時也受扭曲的精神的奴役，扭曲的精神之客體化，必然造成更加嚴重的奴役。所以，別爾嘉耶夫強調「基本的二元對立不指精神與物質，而指自由與奴役。精神的勝利不僅要遏止人對物質的極度依賴，更重要和更困難的是要攻克人至今仍陷在其中而很少意識到了的幻象。」⑪

2.人的解救進程

　　別爾嘉耶夫認為，人的解救有兩個相互關聯的進程，我們可以把它概括地稱為初步解救和最後解救。

　　人在客體化世界受到方方面面的奴役和擠壓，他沉溺於這一世界，窮於應付，完全忘記了自己的高貴本質，成為失去自由、失去精神、失去主體性的存在。當他終於由於精神源頭的作用而覺醒時，已經陷得太深，所以他的解救就不可能一蹴而就，而必須經歷一個漫長而艱苦的過程。在這一過程中，首先要做到「精神的中心化」。這時，人「不在客體化世界的表層體認自己，而在精神的中心位置上體認自己」，用以拒斥客體性，恢復人自身的主體性⑫。這也就是

---

⑩　同❶，第221頁。

⑪　同❶，第223頁。

使人的精神從客體化的奴役下「掙扎」著解脫出來,自覺到精神在人身上的核心的地位;同時吸收過去精神生活的全部教訓,改變人的精神扭曲的狀況,恢復其本真的面貌。這樣,就能「給予人以精神力量和獨立性,從而使人遠遁那種折磨人的多樣性。」⑫這就是人的初步解救,它的結果就是使人認可走精神之路。

然而,這種初步解救有很大的局限性。當人終於認可走精神之路時會產生一種危險,就是受自我觀念的支配,精神變得狹隘起來。觀念常取抽象的形式,它會引導精神脫離具體,受抽象觀念的誘惑和奴役,於是便「跌進抽象的精神性,會受普遍觀念統治的決定」。這樣,「在人的精神活動中有可能發生精神的分裂、抽象和蛻化。」⑬因而,初步解救可能產生新的奴役。同時,人的精神中心化如果局限於自我之中,會使自我膨脹起來,產生新的自我中心主義的觀念,以為依靠自己就完全可以獲得解救,自身就是宇宙的中心和目的,無視最高的存在,這就又要重走客體化之路,即重新被精神的產物(自我的幻象)所奴役。別爾嘉耶夫所以認為文藝復興時期的人道主義走向了反人道主義,就是因為那種人道主義雖然專注於人自身的價值,卻割斷了人與上帝的聯繫,把人膨脹成神,結果又使人受到自身的奴役。「人從過去的偶像膜拜中解放出來,又陷入新的偶像膜拜」, 他據此批評馬克思的人道主義,指出馬克思「一開始就承認人的絕對的首要地位,人是最高的價值,不從屬於任何更高的東西」, 但是,根據決定論他仍然要給人的存在確定一個根據,所以「他最終把人看作社會、階級的特殊產物,並使人完全服從新的

---

⑫　同❶,第222頁。

⑬　同⑫。

⑭　同❹,第95—96頁。

社會，理想的社會集體」。「俄國的共產主義由此得出了直接的結論，並且不是根據目的而是根據手段而摒棄了俄羅斯的人性。」別爾嘉耶夫還批評了尼采的「超人」哲學。他概括地說，所有這一切證明：「如果確認人是在神之外的，那麼便將永遠如此。」⑯

可見，只有初步解救是絕對不夠的，還必須進行最後的解救。最後的拯救要「通過人的精神與上帝的精神的聯合」，這種解救要使人的精神徹底擺脫孤立無助的狀態，找到自己真正的家園，所以，它「意味著朝向比人自身所具有的精神源頭更深的層面，意味著朝向上帝，向上帝請願。」⑯這樣才能使精神真正得到昇華，使之找到最純正又最可靠的保證，當然，在這裏必須清除對上帝和神恩的各種荒謬和歪曲的學說，不能把上帝看作君主、統治者，不能把上帝看作在必然性和規律性中發生作用的控制者、人的命運的操縱者，如果那樣的話，又是「步入歧途」。所以別爾嘉耶夫要求在最後解救的進程中「須不斷淨化」⑰。

3.個體人格的整體性實現

別爾嘉耶夫所說的人的精神的解救，實際上也就是個體人格的整體性實現。這是一個長期艱苦的過程，他曾說，個體人格之「整體性實現，同時也是不斷地掙扎」。這一整體性實現的「關鍵不是攻克物質的決定化統治，……其關鍵是整體性地攻克奴役」⑱。所以所謂整體性實現人格，就全面而徹底地戰勝奴役（包括物質方面

---

⑮　同⑪。

⑯　同❶，第224頁。

⑰　同⑫。

⑱　同⑪。

的奴役和精神方面的奴役), 實現人的最後解救。他認為,基督教
人本學的根本任務就是在於揭示這一過程,以幫助人獲得解救。

既然個體人格的整體性實現和精神的解救要歷經艱辛,「不斷
地掙扎」,那麼,人要怎樣才能更好地實現這一過程呢?

別爾嘉耶夫指出,最重要的是戰勝恐懼和進行創造。

關於前者,他說:「精神戰勝奴役,首先要戰勝恐懼,要戰勝
人對生與死的恐懼。」⑲人活在世上,面臨生存和死亡。作為個體人
(自然人), 當其由於客體化而受到方方面面的奴役時,可能產生
的恐懼並不太強烈,因為個體人格的泯滅,使他並不感到失去自由
和被奴役的痛苦,甚至以此為樂,這時即使有恐懼也是「習慣性的」,
這種恐懼是「導向卑下的恐懼」,也就是說,它並不導致人的抗爭,
而是導向對現實的妥協,對奴役的馴服。「當人陷於日常生活中,當
人被自己的利益所俘獲,這時,人則遠離生命的深刻,遠離繫於這
層意義上的不安。」 甚至面對戰爭和大規模的屠殺,那種極度的恐
懼會被弱化,使人變得麻木不仁。這就是別爾嘉耶夫所說的:「向
下運動和趨向習慣性,則弱化生與死的恐懼。」⑳一旦個體人格被喚
醒,人在感受喪失自由的極度痛苦的同時,又會感受極度的恐懼,
因為此時人才真正認識到客體化對自身的奴役,並決意克服這些奴
役,重獲自由,而這就必須與客體化抗爭,與奴役自己的強大的社
會、國家、自然等等進行鬥爭。主體意識升騰起來,決心與客體爭
一高低,同時又深感主體與客體力量之懸殊,因而產生恐懼是很自
然的。不過, 此時的恐懼已經與那種「習慣性的恐懼」截然不同,
因為這是「導向向上的恐懼」,它「向上運動和朝向超越」,會「戰勝

⑲　同⑯。
⑳　同⑯。

生與死的恐懼」❷。所以如此，是由於此時的恐懼是基於克服客體
化獲取自由的內在要求，這種內在要求實際上就是對真理、自由和
上帝之愛。人要與上帝結合，要實現和拓展自己的個體人格，從而
徹底戰勝奴役，獲得解救，這種崇高的目的會使人產生無限的勇氣
去戰勝恐懼。所以別爾嘉耶夫說：「真理啟示無畏」，「無畏是人的
高級狀態。……認識真理需要戰勝恐懼，需要無畏的美德，需要拒
斥危險。……認識真理，不給人以恐懼，而是戰勝恐懼。」❷

　　對於創造，別爾嘉耶夫更為重視，因為它更富於建設性。要建
構和拓展個體人格，只戰勝恐懼還只是個前提條件，更重要的是進
行創造。「創造是脫出奴役的解救」，這首先是由於它戰勝了時間。
個體人（自然人）隸屬於時間的統治，在時間中定形，所以他不可
能戰勝時間，只能隨時間流淌。個體人格則由於創造而超越時間，
這正是其之自由。「人在創造高潮的狀態中，是自由人。創造是瞬
間的心醉神迷。創造成果放置在時間中，創造行動卻走出時間。」時
間不可能限制創造，創造會使人走向無限，走向永恆，去與上帝結
合。因而別爾嘉耶夫說：「創造不僅戰勝死的恐懼，也戰勝死的本
身，這便意味著實現個體人格。個體人格不能在有限中實現，它必
須以質的而非量的無限性（即永恆性）為前提。個體人終究會死去，
因為個體人產生在種族過程中。唯個體人格不朽，因為它不是產生
在種族過程中。……戰勝死亡是創造，是上帝與人的共同創造，是
自由結出的果實。」❷這樣，人也就得到解救，到達上帝之國。可見，
對「精神性的世界即上帝王國，我們不僅要企盼它，更要以創造之

❷　同❶。
❷　同❶，第224－225頁。
❷　同❶，第226頁。

舉去恭迎它；而對已感染了客體化病毒的這一個世界，則要進行創造性的轉化，這是精神的革命。」⓬ 人的解救並非消極等待救世主的降臨，而是與上帝共同進行創造（上帝的創造事業並沒有完成），懶漢是得不到解救的，只有懷抱崇高的目的，進行艱苦卓絕的奮鬥的人，才有可能「從奴役走向自由，從分裂走向整合，從個體人格的泯滅走向個體人格的覺醒，從被動走向創造」⓭，受到上帝的接待，找到自己的家園。

⓬　同❶，第228頁。

⓭　同⓬。

第九章　基督教人本學（下）
—— 歷史及其意義

別爾嘉耶夫在其基督教人本學之人格論部分闡述了個體人格的墮落、流失和人受客體化奴役的種種狀況，通過這些揭示了人在塵世的命運。不過，這裏的揭示還比較籠統，還沒有和具體的歷史事實緊密地聯繫起來，因而人在塵世的命運之軌跡還不夠清晰；特別是還沒將人的命運全面完整地顯現出來。這些不足之處，他在基督教人本學的歷史哲學部分中進行了充分的補救。

一、歷史的本質

1.歷史的本質

人類歷史之研究，源遠流長。至別爾嘉耶夫生活的年代，在歷史領域中已經派別林立，成果纍纍，與此同時，各種歷史哲學也紛紛問世。別爾嘉耶夫對各種歷史哲學進行評析，認為它們都沒能真正成為歷史的形而上學，所以這樣，皆因它們都沒有發現歷史的本

質，誤將次要的、派生的、偶然的因素當作歷史的本質。無論客觀主義史學大師利奧波德・馮・蘭克(Leopold Von Ranke, 1795—1886)，還是唯物史觀的奠基人馬克思，蓋莫能外。蘭克強調歷史著作要「如實直書」❶，排除人的任何主觀意念，不偏不倚地敘述各種歷史事件。結果他不僅被眾多的「客觀」材料束縛住了手腳，而且自己也很難做到不偏不倚。別爾嘉耶夫認為這種客觀主義並不可取。馬克思的「經濟唯物主義觀點認為，歷史過程最終表現為精神的消失。靈魂的內心神秘和內在的奧秘生活無論何處都不會再有。」因為,「物質的生產過程乃是歷史過程的唯一真實的現實，……其他一切事物不過是第二性的，不過是映像，是上層建築。整個宗教生活、精神文化、整個人類文化、藝術、整個人類生活都只是反映、映像，而不是真正的現實。」這樣它就把歷史的本質和奧秘判定為物質生產，而扼殺了歷史的真正本質和奧秘。在它這裏，「人類的命運作為一個問題被簡單否定了，它只被認為是一個由可知的經濟條件產生的不切實際的問題。」❷

在別爾嘉耶夫看來，歷史的本質決不浮於歷史的表層，而是深藏於歷史的深層。經驗的事實不過是歷史深層奧秘的顯現、映像，因而歷史哲學必須深入於（當然，決非拋棄之）這些歷史表層，透過這些表層去探索深層的奧秘。以往歷史哲學的最大失誤乃在於反次為主，把現象當作了本體。而別爾嘉耶夫則要求去尋覓「歷史的東西」，他這樣來說明這個概念：「『歷史的東西』不僅僅是一種現象,『歷史的東西』還是本體──這是歷史哲學的最根本的先決條件。真正意義上的『歷史的東西』揭示存在之本質，揭示世界之內在精

❶　《蘭克〈教皇史〉選》，商務印書館，1980，第3頁。

❷　Бердяев: *Смысл истории*, Париж, 1969, C. 17—18.

神實質，而不只說明外在現象……，『歷史的東西』就其實質而言具有深刻的本體性，……它深入於某種極內在的原始存在的基礎，將我們帶入其中並加以理解。」❸ 也就是說，在他看來，深藏於歷史深層的奧秘，即「歷史的東西」乃是「世界之內在精神」。

那麼，何以見得「世界之內在精神」是歷史的奧秘，即歷史的本質呢？別爾嘉耶夫回答說，這是由基督教人本學的歷史研究方法的特點所決定的。這種方法與以往各種歷史哲學的方法不同，它不滿足於經驗現象的理性抽象，而是「把人放在所有世界力量的綜合作用中，也就是放在極大的圓滿和極大的具體性中來把握。與這種具體性相比，其他一切考察人的方法都是抽象的。」❹ 他認為，既然「不能把人從歷史中分離出來孤立地看待，也不能把歷史和人分離開，拋開人去研究歷史」，那麼，研究歷史也就是研究人，研究人的歷史。而對人的研究，以往的歷史哲學的方法都失之片面，失之抽象，他則要求最全面地把握作用於人類歷史的所有世界力量，從而最全面、最具體地去研究歷史。如果聯繫他對蘭克、馬克思等人的批評，我們可以知道別爾嘉耶夫所說的「所有世界力量」的內容，其中最重要的當是精神力量，不僅是人的精神力量，而且是上帝的精神力量。當然，他也不否認物質力量亦可作用於人類歷史，他甚至因此而承認「歷史唯物主義中包含這部分真理」，但是，僅用物質因素解說歷史終歸是片面的。不僅如此，馬克思等還不懂得，「作用於歷史現實的物質因素本身也具有其深刻的精神基礎，說到底，它是一種精神力量。」❺ 可見，別爾嘉耶夫所說的「世界力量」主要

指神的和人的精神。那麼，由之所產生的歷史，其奧秘自然也就是精神，別爾嘉耶夫對此說得很明白：「這一世界力量的總和生成高級序列的現實，我們稱之為歷史現實，這是一種特殊的、高級的精神現實。」❻

既然作用於人類歷史的主要是神的和人的精神，那麼，這種精神力量也就決定了人類歷史的走向和軌跡。它顯現於人類歷史的經驗現實之中，成為冥冥之中的人的命運。故而別爾嘉耶夫又說：「人的命運只有通過這種具體的歷史哲學的認識才能弄明白，而不能通過其他科學學科來研究，因為人的命運乃是一切世界力量之總和。」❼研究歷史，特別歷史哲學，首要之事當推尋覓歷史之內在精神，即神的和人的精神，並在此基礎上明晰人的命運，因為這才是歷史的本質。只有把握了這一本質，才能真正瞭解人的過去、現在和未來，才對人生具有真實的指導意義。如果僅只局限於經驗的事實，則只能步入偶然論、物質必然論之歧途。

2.怎樣認識歷史的本質

歷史的本質既然如此奧秘，塵世之人如何認識它呢？

乍一看，這似乎是個很難的問題。其實，只要我們記得別爾嘉耶夫的基督教人本學的基本原理，認識歷史之本質並非可望而不可及之事。

首先，不要受歷史的經驗事實的束縛，要記住它們之表層性，要努力超越它們。要牢牢記住：「歷史，……並非我們獲得的經驗，純粹實際的物質。」❽誰沉於經驗事實的歷史表層之中，誰就無法登

---

❻ 同❷，C. 24。

❼ 同❷，C. 23—24。

入歷史本質之殿堂。這同時也就是要非常明確地以尋覓歷史之奧秘
為歷史研究之目標。

　　進一步，就要努力將作為主體的我融入歷史的命運之中。既然
每一個人（我）都是一個小宇宙，都能映照世界（此世界不是經驗
世界，而是精神世界），那麼，當我融入歷史之中時，我就會瞭解
歷史的命運，瞭解歷史中所包含的深層奧秘——內在精神。歷史深
層顯現的是人類的命運，我的靈魂深處顯現的是我的命運，由於這
二者不過是大宇宙與小宇宙的區別，其實質上則是同一的，因而，
「整個歷史過程不是異己的東西，不是我應當反對的過程，不是硬
塞給我的東西，不是壓制和奴役我，使我在現實和認識中必須反抗
的東西。」相反，這二者是同一的，「我應當從人類的命運中認識我
自身的命運，從我的命運中認識歷史的命運。」「通過自身與世界歷
史整個財富的比較，於自身中認識一切財富和有價值的東西，將自
己內心個別的命運同世界命運結合起來。」❾

　　別爾嘉耶夫進一步解釋這種方法的根據：大宇宙（神）是一個
完整的精神世界，小宇宙（人）也是一個完整的精神世界。作為歷
史的本質的內在精神也是體現在全部歷史中的完整的精神，因而只
有作為完整的精神世界的小宇宙，才可能認識歷史中的內在精神。
當人沉溺於經驗事實之中時，他尋找不到歷史中的完整的內在精神，
而只能把歷史看作沒有靈魂的零散的事件堆積。只有當人以自己的
完整精神去研究歷史，才能在歷史經驗事實的批判中發現歷史的內
在精神。所以，他說：「對於建立歷史哲學來說，外在流動的延續
性中不間斷地存在的內在神秘生活的意義顯得重要得多。正是這種

---

❽　同❷，C. 25。

❾　同❽。

內在的神秘生活告訴我們，歷史賦予我們內在的東西，而非外在的東西，我們在感受歷史的時候，歸根結底更多地依賴我們意識的內在狀態，意識的內在深度和廣度，我們構造歷史也更多地與這些方面有關。」❿

　　具體說來，這種方法的基本方式是「歷史回憶」⓫。別爾嘉耶夫所說的歷史回憶並不是簡單地回顧過去，而是「使我們從內心加入到『歷史的東西』中」，即「將自己的精神命運置於所有偉大的時代之中，以便認識這些時代」，這樣，「歷史回憶是某種精神上的能動性，是對『歷史的東西』所抱的確定的精神狀態，是內在的，從精神上洗舊翻新和充滿創造精神的東西。」⓬因而，通過歷史回憶的過程，歷史內在聯繫和其本質才變得明瞭起來，可見，別爾嘉耶夫所說的歷史回憶乃是一種創造的過程，而非過去經驗事實在意識中的重演。這種創造就是戰勝和超越以往的經驗事實，發現那隱藏著的神秘本質，在變動不居的歷史中發現永恆；通過歷史回憶，絕對的永恆的東西與相對的腐朽時代的激烈鬥爭就會歷歷在目。這時，你如「置身在另外那麼一種生活，接受以往的神秘，……接受著其間永恆戰勝腐朽和死亡的那個世界的全部神秘」，使人「向著另外一種、比他因直接經驗而陷入的那個現實無可比擬地寬廣和豐富的現實回歸」，使人「投身於無限豐富的現實，以此戰勝腐朽和自身的渺小，克服自己貧乏、狹窄的視野。」⓭

　　別爾嘉耶夫所說的這些內容自然帶著濃重的神秘主義色彩，他

---

❿　同❷，C. 33。

⓫　同❷，C. 26。

⓬　同⓫。

⓭　同❷，C. 27－28。

所理解的歷史的本質實際上是指神意、神與人的精神關係。（後面
我們在介紹他關於歷史過程的思想時，這一點將非常明朗地顯現出
來。） 儘管如此，筆者以為有以下問題值得重視，第一，別爾嘉耶
夫實際上是將人在回顧歷史時的精神狀態神秘化了。一般地說，當
人回顧歷史時並不局限於過去了的事件的實際資料（即他所說的「經
驗事實」），總是要尋覓這些資料背後的更深層次的東西，很多人從
中尋找「規律」，更多的人感悟到了人的「命運」，由此引發了人們
對於歷史的感嘆，出現了歷史悲觀主義或歷史樂觀主義。歷史學家
的歷史描述從來也不可能達到「純客觀」的境界。就此而言，別爾
嘉耶夫的思想有其合理之處。第二，與其他神秘主義歷史哲學不同，
別爾嘉耶夫並不把「神意」強加給人，也不認為只有上帝才是歷史
的主宰。相反，他認為歷史中所顯現的「神意」是不能脫離人的，
它是與人處於相互關聯和作用之中的，因而人必須通過自己內心與
神的溝通才能認識歷史的本質，認識歷史本質的過程也就是人與神
溝通、融會的過程。

二、歷史的過程

既然歷史的本質是深藏於歷史之中的內在精神，那麼，這種內
在精神在具體的人類歷史中又是如何體現的呢?為了回答這個問題，
別爾嘉耶夫深入地考察了人類的全部歷史過程。根據他的研究，人
類的塵世歷史是一個離開上帝、歷經磨難、終將回歸上帝的過程；
在這過程中，人、上帝、自然三者之間出現了異常錯綜複雜的關係，
人的命運就在這樣的過程中被決定下來。別爾嘉耶夫說：「歷史是
內在意義的一種完成，有開端和終結，有中心，它是一幕接一幕的

相互聯貫的宗教神秘劇。」❹「歷史的前提是神人合一。宗教過程和
歷史過程的特點和前提是神與人之間最深刻的衝突和相互作用，即
神意、天命、神的必然與人的不可理解的、神秘的自由之間的衝突
和相互作用。」❺但是，不管二者如何衝突，人終將幡然醒悟，重新
回歸上帝的家園。但這是在付出了慘痛的代價之後才領悟的，所以，
悲劇乃是人之註定的命運。

1.塵世歷史之序幕：天國的歷史

別爾嘉耶夫的歷史哲學之中心是研究人在塵世歷史之命運，但
是，他認為塵世歷史必須有其來源，有其根據，因為塵世歷史並非
宇宙歷史之開端。同時，他又認為，塵世歷史與其來源之關係是內
在的，也就是說，塵世歷史之悲劇性其實已經在其來源中先定了。
它的來源與根據就是天國的歷史。他說：「天國的歷史是什麼呢？
它就是歷史的真正的形而上學的基礎。……在此，歷史得到孕育，
歷史的內核得以揭示，世界歷史的主要過程被預定下來。」或者說：
「歷史運動是在絕對者深處，在神本身的生命中孕育而成的。」❻

這裏所謂的「天國的歷史」是否像塵世歷史那樣是時間中的一
個階段呢？按別爾嘉耶夫的解釋，並非如此。實質上，天國乃是一
種永恆的現實，如果它是時間的一個階段的話，它就成了暫時的，
相對的。但是，它作為永恆的現實，不僅在塵世歷史之前存在，而
且在孕育了塵世歷史之後又深入於塵世的時間之中，成為藏於塵世
歷史深層的內在精神。別爾嘉耶夫說：「永恆性——神的現實能夠深

入時間，割斷時間的鏈條，作為主導力量進入時間鏈。歷史不僅在時間中完成，以時間為前提（沒有時間就沒有歷史），而且是永恆對時間的不斷爭戰。這是一種長期爭戰，是永恆的東西在時間中的穩定的反作用力，是永恆原本為戰勝時間性而進行的不懈努力」，因而「永恆的東西正在時間中顯現，永恆的東西能夠在時間中得到顯現。」❼

對於天國歷史在塵世歷史中的顯現，我們在後面論述。現在，首先要對塵世歷史以前的天國歷史，即尚沒有塵世歷史時的天國歷史加以說明。

沒有塵世歷史的天國是上帝的國。這個國如何能孕育人的塵世歷史呢？原來，別爾嘉耶夫心目中的上帝不是靜止不動的、僵化的神，而是充滿自由的創造精神，充滿了愛因而具有悲劇命運的神。他批判基督教官方教會及其哲學說，這種基督教意識「完全不允許對神的生命深處作任何可能存在運動和歷史過程的假設。基督教思想中非常流行的一種學說認為，運動和悲劇命運的原因不能推及神的本性。但我深信，……基督教應從更深層次上把存在的本質、真正的現實生活、真正的實在理解為內在的宗教神秘劇、內在的戲劇——神的悲劇。」❽

神的悲劇皆起因於他的愛：上帝要使他的愛有所寄託，要使他的愛能得到回報，而且這種愛的回報也要出於自由。他的愛如此博大，所以他決不會滿足於天國的平靜的沒有變化的生活，而要進行自由的創造。別爾嘉耶夫說：「對於基督教的深層意識來說，運動本身、過程的可能性本身取決於：神的秘密在神的生命，即精神生

---

❼　同❷，C. 83。

❽　同❷，C. 59－60。

活的最深處得到展現，在這深處揭示上帝內心的極度渴望，對自己的『另一個』的極度渴望，對自己『另一個』的思念（『另一個』……可能是最偉大的至愛之客體）。上帝的思念以及對那『另一個』的愛和極度渴望，從『另一個』那裏獲得依賴感，成為被愛的。上帝對其『另一個』的這種內在的愛的悲劇，以及對回報的愛的期待，乃是神的生命之隱秘，創造世界和創造人的工作均與之有關。」❶又說：「世界因上帝生來想要自由之故而發生。倘若上帝不想要、不等待自由，就不會有世界進程。一個靜止不動的、從一開始就已臻於完善的神的王國，作為一種必然的、預定的和諧，也許本來可能取代世界進程。世界進程之所以成為可怕的悲劇、血腥的歷史，上帝之子被釘在十字架上這一受難之舉之所以成為歷史的中心，其實全是因為上帝想要自由。」❷這樣，別爾嘉耶夫不僅認為上帝創世屬於天國和歷史之範圍，而且為上帝創世提供了上帝內在的依據。但是，依據別爾嘉耶夫，並非上帝創世就開始了塵世之歷史。在亞當、夏娃被逐出伊甸園之前，塵世的歷史並未開始，因為那時神與人處於融洽的關係之中，上帝自由地愛人，人也自由地愛上帝（別爾嘉耶夫認為，人類關於遠古時代人在天國生活的傳說，以神話的形式反映了天國的歷史）。

人所以有自由，乃是由於上帝是按照自己的面貌創造人的，上帝自己是自由的，他也賦予人自由。他渴望人對他的愛，但他厭惡強制的愛、被扭曲的愛，他渴望人出自內心的自由的愛。但是，我們在前面已經介紹過，別爾嘉耶夫認為，上帝的自由與人的自由不同，上帝的自由是神聖的自由，是善的自由，而人的自由卻是無定

❶ 同❷，C. 61。

❷ 同❷，C. 72。

向的自由，既可能從善也可能為惡的自由。因為人本身具有二重性，
不僅有回應上帝的方面，而且有縱容物慾的方面，這就決定了人與
神之間會有矛盾和衝突，人甚至會背叛他的創造者。從這個意義上
說，自由也即是神人之間產生悲劇的根源。別爾嘉耶夫說：只有把
天國的歷史「理解為一部愛的戲劇和上帝與其『另一個』（上帝愛
著又渴望依賴的）之間愈演愈烈的爭取自由的戲劇。……只有承認
上帝的苦悶，才能給出天國歷史的謎底，並以此指示揭開世界和人
類命運之謎的內心道路。唯有這種上帝的自由和人的自由，上帝和
人類在其最深層的、內在的、悲劇性的相互關係中表現出來的這種
愛，才是認識一切歷史命運根源的經驗之路。」❷他進一步得出結論
說，神人關係「乃是上帝與世界的相互關係之謎。……正是這種把
內在的神人關係看作一幕自由的愛的悲劇的認識，暴露和揭示出歷
史的根源。」❷在這裏，我們看到別爾嘉耶夫揭示的不僅是作為塵世
歷史之序幕的天國歷史的根源，同時也是整個歷史的根源，這種根
源成為一種永恆的力量，支配著全部天國歷史和塵世歷史。不過，
在天國歷史中它是彰顯的，而在塵世歷史中，它則深藏於歷史的深
層中，在塵世生活的人只有通過基督受難方能有所領悟。

2.塵世的歷史

別爾嘉耶夫從基督教人本學出發，將塵世的歷史劃分了幾個階
段，並認為耶穌基督的誕生成為塵世歷史的中心事件。

---

❷　同❷，C. 65－66。

❷　同❷，C. 66－67。

a. 從人墮入自然界的深淵到耶穌基督誕生

這是塵世的開端。「歷史最初階段是人疏遠神，這一天國歷史的悲劇、墮落的悲劇，作為自由的悲劇，其行為的直接後果是使人和人的精神滑進了自然必然性的深淵。」❷這一切都源於人的自由，所以別爾嘉耶夫把它稱作「自由的悲劇」。 人的祖先在上帝與自然（智慧之果）面前有著選擇的自由，這是由他們的本性決定的，但他們沒有選擇上帝，因為他們順從了惡的自由。這一事件具有劃時代的非凡意義，因此，它開創了人類之塵世歷史。或者也可以說，亞當和夏娃的故事不過是具有象徵意義的事件，其實質是與上帝疏遠，濫用人的自由。因而也就開始了失去自己的真正家園，被塵世的一切首先是自然界所奴役的歷史。

對人來說，自然界的誘惑和力量是如此之大，以致人沉溺其中再也找不回自我，找不到自我意識，人在自然界面前，既由於它之強大的惡魔般力量而恐懼，又由於它的賜予而歡欣。因此，「墮落的、沉溺於自然界生活中的人類精神受著自然界的奴役，同時又與自然保持一種內在的深層的聯繫。……人類感覺自然界的生活，把它們當作有生命的、充滿崇高精神的、住著精靈的有機體的生命，並且與這些精靈長期交往。」 古代世界產生的各民族的神話大多表現了這一時期人與自然的交往狀態，多神教也產生於這個時代。別爾嘉耶夫指出，這時人「被自然界奴役的狀態，對自然界的依賴，在人類歷史的最初階段是以跟自然界的聯繫的形式表達出來的。」❷

在這種狀況下，人不但改造不了自然，反而被自然所改造，「人

❷ 同❷，C. 134。

❷ 同❷，C. 135。

所墮入的低級的自然界將他染成什麼顏色，他就變成那種顏色」，人無法從自然界中自拔，「人靠著自身力量無法擺脫自然界。」❷❺如果沒有令其猛醒的偉大精神的召喚，如果沒有比塵世更有吸引力、更有力量的事業的震撼，人無法從自然的奴役下解脫出來。

這樣的精神出現了，這樣的事業降臨了。上帝萬分痛心於人的墮落，但又不願用強制的力量使人悔悟，於是，「道成肉身」，使聖子耶穌基督降生人世，去從事拯救人類的事業。這樣，就出現了塵世歷史的中心事件，出現了完成和拓展這一事件的組織——基督教會。別爾嘉耶夫說，基督的教會——「基督教在世上所成就的最偉大的事業在於（雖然這一點在基督教世界內部尚未被充分認識到），它通過基督誕生，通過為人類和世界贖罪的宗教奇蹟，把人類從低級的自然界的統治下，從精靈的統治下解放出來；基督教彷彿是一種力量，將陷入自然界的人類拔出來，使之在精神上站立起來；它把人類與那個低級的自然界分開，使人類在高處，成為獨立的精神實體；它把人類從俯首貼耳地面對整個自然界的處境裏區分出來，送到天國。只有基督教才把人在若干精靈、自然神和自然力量的統治下喪失的精神自由又還給了人。」❷❻用別爾嘉耶夫的術語來說，就是使人克服客體化，恢復其個體人格。當然，耶穌基督對人的救贖也並非完全是外在於人的事業，因為這種救贖在人身上亦有主體的需求。人在自然的奴役下並非完全泯滅了自己的天良，人既受著自然的奴役，也自有擺脫這種奴役、重新獲得自由的渴望。所以，救贖也是上帝與人結合，既有上帝的賜予，又有人向上帝的貼近的事業。

---

❷❺　同❷，C. 136。

❷❻　同❷❺。

b. 中世紀

耶穌的降生和基督教的傳播使塵世的歷史開始了一個新的階段。

耶穌的啟示和基督教的事業把人拉出了自發的自然生活的循環，使人站立起來，給人的精神恢復了自由。別爾嘉耶夫說：「基督教開闢了人類命運的嶄新時期，這就是人的命運開始通過自由行動的主體，加以決定和解決人意識到自由的時期。」❷

但是，由於人類現在還處於精神幼稚的階段，很難迅速地回歸上帝的家園，也很難靠自己拒斥自然界的誘惑。在他眼中，那種充滿精靈的自然界仍然具有很大的吸引力，他還時時地想回到多神教去。因此，要想使人擺脫自然的奴役，就必須採取斷然的措施，使人與自然界隔離，使走上救贖之路的人與自然界之間形成形而上的隔閡。別爾嘉耶夫說：「基督教嚴密封閉了自然界的內部生活，不允許人去接近它。基督教似乎在扼殺自然。這就是基督教完成的拯救人類精神這一偉大事業的負面效應。為了使人類精神不再受自然界奴役，應當封閉通往自然界神靈內部生活的道路，因為在達到一定的精神年齡之前，在完成救贖的宗教奇蹟之前，在人的精神達到成熟狀態即他真正站起來之前，任何使人重返以懼怕自然界神靈為其終結的古代多神教狀態的做法，都是危險的和導致人的重新墮落的。」❷可見，這一時代的基督教是通過使人與自然界的內部生活分離的辦法去完成解救人類精神的事業的。這是在人的幼稚時代不得不採取的辦法，這種辦法既達到了解救人的精神的目的，但同時又隔斷了人與自然界的聯繫，使人的自由受到限制，所以，別爾嘉耶

---

❷　同❷，C. 138。

❷　同❷。

夫說它有「負面效應」。這種狀況「持續了差不多整個中世紀」❷。

　　這種使人從自然界的奴役中獲得解救的辦法必然產生以下結果：

　　第一就是禁欲主義。人受自然界奴役，首先是由於欲望，人的精神如果戰勝不了欲望，就必然受到五彩繽紛的自然界的誘惑。戰勝欲望，才能使精神與自然界決斷。這裏包含兩個方面，一方面是與自然鬥爭，另一方面更重要的是與自己的內心鬥爭。所以基督教「宣告：要與人心中和人以外的自然進行不調和的、猛烈的和英勇的鬥爭，要作禁欲主義的鬥爭。」❸這種鬥爭特別集中地體現在中世紀的聖者和修道士身上。

　　第二就是機械論的自然觀代替神話學的自然觀。

　　人受自然界的奴役，除了自然的欲望以外，還有精神上的原因，即對自然界的懼怕與喜愛。過去，人把自然界看作精靈的世界，既有可怖的方面，又有可愛的方面，人就是根據這樣的神話學的世界觀去構建自己的生活，甘受自然界的奴役。要使人擺脫這種奴役，就必須讓其從對自然界的恐懼和喜愛中解脫出來。這樣，「為了還人以自由並使之有序，使之脫離並高於自然界，基督教將自然界機械化了。」❹這話的意思是此時基督教用機械論的世界觀去解釋自然界，將自然界看作沒有任何神靈作用，沒有任何精靈存在的非有機性的客體。別爾嘉耶夫說：「機械論的世界觀與基督教相抵觸，但機械論的出現又是基督教使人類擺脫自然界和自然之精靈這一行動的內在結果。」❺

---

❷　同❷，C. 139。

❸　同❷。

❹　同❷。

以上的結果又匯聚為一個偉大的成就，就是人類中心感的形成。這種人類中心感在過去的時代是不可能出現的，那時人只能感到自己是自然界的一部分，是從屬於自然界的。「基督教把人從自然界中解放出來的歷史必定導致如下結果：人進入內心精神世界，在那裏完成一種反對自然力的偉大的英勇鬥爭，克服人對低級自然界的順服，造就人的形象，錘鍊人的自由個性。這一偉大的、人類命運中最重要的事業已經由基督教的聖者們所完成。……基督教帶來一種思想：人的靈魂高於世上所有的王國。」❸別爾嘉耶夫強調說：「這種人類中心感只有基督教才能給予，並且成了近代的主要動力。」❸後來文藝復興時期所出現的以人為宇宙中心的人道主義思想就是中世紀形成的人類中心感的延續，只不過此時的人類中心還只局限於塵世的範圍，還只是擺脫了自然之奴役後的感受，而不是遠離上帝甚至代替上帝的感受。別爾嘉耶夫在這裏強調了文藝復興時期與中世紀人在精神上的內在聯繫和延續性。

長期以來，西方的中世紀都被看作黑暗時代，到了文藝復興時期，人忽然覺醒起來，發現了自我，並將自己當作宇宙的中心。這種歷史的觀念把中世紀與近代絕對割裂開來，別爾嘉耶夫則從基督教人本學出發將二者內在地聯繫起來。他認為，在中世紀，基督教把人從自然的奴役中解救出來，把人與高級的、神的本性，與其神的起源直接聯繫起來，「這就是第一次使得人的個性及其高尚的優點成為可能。歷史對個性的加工只是在基督教時期才逐步真正完成。我想，個性的鍛鍊和加強是那樣一個相當長的時期——從人文主義

---

❸　同❷，C. 140。

❸　同❷，C. 141。

❸　同❸。

的觀點看，這個時期對個性是不利的——中世紀時期完成的。中世紀繁榮時期通過兩條途徑——僧侶和騎士制度加以鞏固和秩序化了。僧侶和騎士的形象恰恰是嚴守秩序的個性形象，人的個性正是在他們身上才大有價值。在他們那裏，個性穿上了鎧甲，不論在體力方面還是在精神方面，都已能獨立於外部自然力量。」可惜的是，人們沒有充分注意到，這個「集中內在的精神力量、鍛鍊人的個性、加強人的自由的中世紀具有何等的意義」， 甚至中世紀的禁欲主義也具有很大的積極意義：「整個基督教的禁欲主義則具有那種把人的精神力量集中起來不允許其揮霍掉的意義。人的精神力量內在地得到了調整、聚集。而且，如果這些創造力量不能經常有足夠的自由表現和發揮，那麼，它們往往就聚集保存起來。」❸這樣，文藝復興時期極大地釋放出的人的創造力量，原來是由很長的歷史時期——中世紀——所聚集和準備的。別爾嘉耶夫為它找到了歷史之源。

　　但是，中世紀終於走到了盡頭。由於基督教堅持用《舊約》神學去塑造塵世，不能用基督的眼光去看待和處理上帝與人的關係，所以它「沒能解決那些已經提出的問題。中世紀的上帝王國思想沒有付諸實現。」「神權政治沒有付諸實現，也不可能通過強制加以實現。」❸別爾嘉耶夫解釋這一目標沒能實現的根本原因時說：「中世紀意識的缺點首先在於，人的自由創造力沒有真正發揮，在中世紀的世界，人並未獲得釋放來進行自由的創造性的業績，自由地建設文化。……中世紀的清心寡欲增強了人的力量，但人的力量並未獲得釋放，並未去體驗文化的自由創造。結果表明，要強制實現天國是辦不到的。強制而沒有贊同，沒有自由自主的人類力量參加，就

---

❸　同❷，C. 150—151。

❸　同❷，C. 151—152。

不可能建立天國。要在世上創造宗教文化，就得啟迪人的力量，啟
迪人的創造，使人經過悲劇式地體驗自己力量的自由這一困難的時
期，最終到達最高的宗教意識形態，使人能夠自主地建設神國文化，
並且發揮自己的創造力來建立天國。」 ❸原來，天國並非單純的神
賜，沒有人與上帝共同的創造，它是不會降臨的。中世紀在「這方
面的不成功導致文藝復興時期和人道主義時代的人的崛起」， 而中
世紀則「理所當然地走向了崩潰」❸。

c. 文藝復興時期

中世紀的終結就是文藝復興時期的開端。不過，別爾嘉耶夫所
說的文藝復興時期與一般歷史學上所講的不同，他根據文藝復興時
期的主流思想──人道主義的發生發展直至危機的過程，把文藝復
興時期一直延長到近代之末，即19世紀末─20世紀初。

⑴人道主義的興起

文藝復興時期興起的人道主義表現出與中世紀的文化完全不
同的特點。在中世紀，各種精神力量被置於精神中心的統轄之下，
使整個人類文化百川朝宗。而一直持續到19世紀，即整個近代的文
藝復興時期則「以如下特徵為標誌」：第一，「釋放人的創造力，在
精神上由集中轉為分散，脫離精神中心，區分社會生活和文化生活
的各個領域，而人類文化的一切領域都是自主的。科學、藝術、國
家生活、經濟生活、各種輿論和整個文化，統統都是自主的。這一
區分和自主的過程，也就是所謂的人類文化的世俗化。」❸第二，人
的精神之重心從上帝轉向人。別爾嘉耶夫說：「從中世紀向近代過

---

❸ 同❷，C. 155。

❸ 同❷，C. 152。

❸ 同❷，C. 156。

渡，就是從神轉向人，從神靈深處，從內部集中，從精神內核轉向外部，轉向外部的文化表現，⋯⋯面向人類生活」，「於是重心由神靈深處轉移到純粹的人類的創造。人同生活中心（按：指神）的聯繫，開始越來越弱。整個近代史就是歐洲人沿著逐漸遠離精神中心的道路、沿著自由地體驗人的創造力的道路前進的歷史。」❹ 第三，面向自然，面向古代。中世紀約束自然的人，束縛人的自然力量，使人棄絕自身的自然與周圍的自然。人道主義則使人的精神面向自然，解放人的自然力，力圖在自然中進行創造。同時，面向自然是古代生活的基礎，古代生活與自然有深厚的聯繫，所以，人道主義在面向自然的同時也必然面向古代。別爾嘉耶夫說：「文藝復興無非是人面向自然並且面向古代，面向人類生活的自然基礎，在自然領域發揮創造力，這是人道主義的深層根源所在。」❹

　　帶著長期聚集起來的力量，面向久違的自然與古代，懷著回歸自我的喜悅和激情，人在塵世的各個領域大展身手，進行自由創造，獲得了極為輝煌的成就。文學、藝術、哲學、科學、技術、國家生活⋯⋯出現前所未有的繁榮。人高視闊步，追求完美，認為自己無所不能。別爾嘉耶夫認為，把中世紀的藝術與文藝復興時期的藝術加以對比，就可看出後一時期的人道主義的特點。中世紀的基督教文化的特點是「形式不完美，這種塵世形式的不完美說明非塵世的完美。」 比如，中世紀的「哥德式建築其實都不完美，也不追求形式的完美。整個哥德式建築在憂愁和苦悶中伸入天穹，說明只有在彼世，在天穹才能達到完美，在此世則不能達到完美，此世只有憂愁和苦悶，只能熱切地思念完美。」❹ 而面向古代的文藝復興時期的

---

❹　同❷，С. 156—157。

❹　同❷，С. 158。

藝術則滿懷信心地追求完美,例如,「文藝復興的整個藝術既向自然學習形式的完美,也向古代藝術學習形式的完美。文藝復興精神的最深刻的本質就在於此。」❹❸當然,文藝復興時代也不是簡單地重複古代的創作,「而是以新的精神、新的內容折射古代的形式,對一切成果進行改造,推陳從新。」 比如「文藝復興的一個最偉大的表現應當是公認的莎士比亞的創作。這是人的創造力自由競爭的一種顯露,這種顯露是在人的創造力獲得釋放以後開始的。」❹❹

⑵人道主義的內在矛盾

然而,人道主義並非絕對地好,當人在回歸自我的道路上意氣昂揚、目空一切之時,人道主義的內在矛盾已經逐漸由潛在狀態顯現出來,它不管人的主觀感受,任由自身的發展,以致終於把人道主義導向危機。所以如此,乃是由於這種矛盾乃是人道主義的基原中的矛盾。

這種內在矛盾是什麼?別爾嘉耶夫解釋說:「人道主義,顧名思義,就是推崇人,把人擺在中心地位,加以拔高、肯定和揭示。這是人道主義的一個方面」, 這是肯定人、推崇人的本原。它「讓個性充分發展,把個性從中世紀生活過的壓制下解放出來,指引個性沿著自我肯定和創造自由的道路前進。」❹❺但是,同時人道主義也有「貶低人」、「削弱人,使人的創造力衰竭」的本原,這種本原肯定「人的本性不是神靈本性的形象和模樣,而是世界本性的形象和模樣,人是自然的實體,是世界的產兒,大自然的產兒,為自然

---

❹❷　同❷,C. 162—163。

❹❸　同❷,C. 159。

❹❹　同❷,C. 165—166。

❹❺　同❷,C. 166。

的必然性所創造，與自然界血肉相連。」 這樣，人道主義不僅將人
與神的聯繫割斷，使人脫離神、脫離神的本性，而且使人「分擔自
然界的局限性以及自然存在中所具有的一切毛病和缺點」。 這樣，
人道主義也就「降低人的等級」，「使人遭到破壞」 ❹ 。

　人道主義的内在矛盾有其發展的過程，這決定了文藝復興的各
個不同時期。在文藝復興的開端，人道主義的推崇人的方面還不太
突出，遠離神而聯接自然的方面也不太明顯，這時，它還與中世紀
和基督教有很多的聯繫（比如，義大利的早期文藝復興）， 這時的
人道主義還能顯示出它的基督教基礎，後來則内在矛盾愈益發展，
人的自由愈益得到偉大的體驗，但它卻愈益將這種自由與神脫離開
來，而與自然結合起來，終於，「經過這一矛盾的展開，……到達
文藝復興的終結，到達我們以非常尖銳的形式所經歷的那種人道主
義的終結。近代史以此結束。」所以，別爾嘉耶夫說：「人道主義的
這一矛盾也就是近代哲學的主題。」 ❹

(3)人道主義的終結

　具體地說，人道主義是怎樣由興起走向終結的呢？

　別爾嘉耶夫充分估價了人道主義的繁榮的意義，認為人在這一
歷史時期創造了眾多方面的優秀成果，充分發揮了自己的自由創造
力。然而由於他與神割斷了聯繫，妄自尊大，在自己的成就面前，
越發自我膨脹，認為自己的個體人格與神沒有關係，認為自己無所
不能，甚至可以在塵世實現永恆的幸福，依靠自己就可建立神聖的
王國。這種意識發展到啟蒙運動，則達到登峰造極的地步，啟蒙學
者最終用無神論和唯物主義歪曲人的自由、創造和個體人格，同時

---

❹ 　同❷，C. 166—167。

❹ 　同❷，C. 169。

又將自然神化，認為人是自然的產物，人應當洞悉自然並與之融為一體。這裏已經出現了明顯的推崇人與貶低人的矛盾。別爾嘉耶夫說：「在這裏，我們已經看到人道主義自身解體的開端。」❹

　　18世紀啟蒙運動的一個重大成果便是法國大革命。與一般歷史教科書的評價不同，別爾嘉耶夫認為法國大革命是以失敗告終的，儘管它是人類力量的一次偉大試驗。他在評論這次革命時說：「從人道主義方面自我肯定的人必定要達到法國大革命完成的那些業績，人的自由力量的體驗也必定要轉移到這個領域。文藝復興在科學和藝術中的成就，宗教改革在宗教生活中的成就，啟蒙時代在理性領域中的進程，必定要轉變為社會集體行動。社會集體行動中，必定要表現出人的這種信仰——相信人作為自然的實體，是完全自由的，能夠擅自改變人類社會，改變歷史行程，人在這方面毫無拘束，人應當宣誓實現自己的權利和自由。革命走上了這條道路，並且完成了一個極其宏偉的人文主義實驗，……用以檢驗脫離精神基礎的那種人道主義的內部矛盾、人道主義的任務和人道主義的成果。」但是，革命沒有成功，「革命無力實現自己的任務，實現人權和人的自由生活。革命遭到嚴重的失敗，革命只能使人蒙受壓制和凌辱。」別爾嘉耶夫認為革命的失敗要由較長時期的歷史後果來檢驗，他說：「整個19世紀暴露出法國革命的這種失敗，揭示精神上的反動——這種反動產生於19世紀初期，持續至今」，不但沒能實現革命所許諾的人權與自由，而且出現了反自由的思潮，可以說，「19世紀在很大程度上是對18世紀和革命的反動。」❹這種反動終於使人道主義走向反人道主義。

❹　同❷，C. 172。

❹　同❷，C. 174─175。

　　使人道主義走向反人道主義，還有另一重要方面，那就是人與自然的關係。在文藝復興之始，人就轉而面向自然。這時人的精神已經具有與古代截然不同的特點，「在這裏進行的已經不是精神對自然原質的鬥爭，而是征服和戰勝自然力，以期把自然力變成達到人類目的、謀取人的利益和幸福的工具的鬥爭。」　人認為自然界是為自己服務的，他進行科學研究，想洞悉自然的奧秘；他發明各種技術去駕馭自然力量，但是他忘記了，「從外部征服自然界，這不僅改變自然界，不僅造成新的環境，同時也改變人本身。人本身在這一過程的影響下，發生根本的徹底的變化，有機類型轉變為機械類型。」如果說「16、17、18世紀是一個過渡時期，尚未受機械支配」的話，那麼，到了19世紀便出現了「機器的勝利」，　即「由於機器引進人類社會生活而發生的轉變」❺⓪。機器的發明以及隨之而來的機械化，一方面使人發財致富，一方面造成新的依附和奴役，「這種奴役較之從人對自然界的直接依附所感覺到的那種奴役要厲害得多。某種神秘的力量彷彿與人和自然界作對，進入人類生活；某種既非自然的也非人類的第三個環節獲得威風凜凜的權柄，對人和自然界進行統御。」❺❶它好像是一個新的本原，插在人與自然之間，使人與自然隔離開來，使人失去了自身，陷於被自己的造物奴役的客體化境地。

　　別爾嘉耶夫在分析人的這種悲劇命運時指出，如果人在自身中不帶有最高的神聖的形象，人就會受另一種本原──卑劣的自然本原的支配，受人本身所引起的那種矯飾的自然界支配，使人失去個性，失去力量。「為使人的個體性、人的個性得到肯定，人的個體

❺⓪　同❷，C. 180─181。

❺❶　同❷，C. 182。

性、人的個性必得意識到自己同比自身更高的本原有聯繫，必得承認有另一個神聖本原。如果人的個性除自身之外什麼也不承認，人的個性就會分化，讓卑劣的自然原質侵入其中，自身就會在這種原質中衰竭。」❷

當人愈益客體化，愈益喪失個體人格，愈益被自己的造物所奴役時，人道主義的危機也就到來了。這種危機集中體現為人道主義轉化為反人道主義。別爾嘉耶夫認為，這種轉化在思想上的體現就是尼采和馬克思的學說。他說：「在他們那裏，人的自我肯定按不同的方式轉變為人的形象的否定，而這是由兩種完全相反的途徑來實現的。」人道主義在尼采身上結束了自己悲劇式的歷史，這點在查拉斯圖拉(Zarathustra)❸的一句話裏表現出來：「人是羞愧和恥辱，人應當被克服。」在這裏，「人道主義以超人觀念的形式被克服而轉化為反人道主義。」❹因為「相對於超人來說，人僅僅是通道，幾乎僅僅是為培育超人的田地施上的肥料。」至於馬克思，別爾嘉耶夫指出，他原本是從人的解放這一人道主義目的出發的，但是，他「不能繼續走上正確的道路，他最終把人看作社會、階級的特殊產物，並使人完全服從新的社會，理想的社會集體。」這種社會集體成了「人的個體的奴役者」❺。

可見，無論在尼采那裏，無論在馬克思那裏，人都失去了自己

❷ 同❹，C. 184。

❸ 查拉斯圖拉：尼采著作《查拉斯圖拉如是說》中的虛擬的東方先知、超人。

❹ 同❷，C. 186。

❺ 別爾嘉耶夫：《俄羅斯思想》，雷永生、邱守娟譯，三聯書店，1996，第90頁。

的主體地位，或者淪為超人的工具，或者淪為社會集體的工具。別爾嘉耶夫認為，在這兩種學說中，人均被客體化了。但是，就其客體化的程度來說，在馬克思那裏尤甚，因為馬克思過於重視機器引進人類生活所發生的巨大變化，以致「他把這一事實奠定為自己世界觀的基礎，使之成為全部人類生活的第一性的事實」，把人的一切精神創造都說成是由其派生的❺❻。

　　人道主義之轉向反人道主義並非只限於思想和理論，它還特別表現於國家的政治生活之中。「這時人道主義的君主政體和人道主義的民主制度的基礎都將發生震盪，這時在其內部將揭示出新的原則，而且是某些隱蔽的非人道的原則，它們對人道主義的君主政體和人道主義的民主制度一概加以反對。國家的命運，不僅我們俄羅斯國家在我國革命中的命運，而且歐洲國家的命運，都在進入深刻危機的時期。」❺❼別爾嘉耶夫指出，德國的法西斯主義的國家社會主義和蘇俄的極權政治，其實質都是反人道主義的，各大國所實行的追求權力和勢力的帝國主義政策，也是反人道主義的。由此也就「發生了人的命運中難以補救的某種災難，發生了人的自我感覺沮喪的災難，發生了人的自我肯定轉化為人的自我否定的不可避免的災難，發生了離開自然生活，背棄和疏遠自然生活的災難。」❺❽這種災難將導致文藝復興時期即近代史的終結。

d. 新的中世紀

　　文藝復興的末期在各個方面都顯露出反人道主義、反文藝復興的危機，在政治生活中的法西斯主義、社會主義和無政府主義，在

---

❺❻　同❻❺，第95－96頁。

❺❼　同❷，C. 191。

❺❽　同❷，C. 197。

文學藝術中的印象派、未來派，在宗教中的神智學派，等等。過去自以為是宇宙中心的人被肢解了，消失在「超人」中、在「集體」中、在「虛無」中。別爾嘉耶夫說：「極其巨大的創造危機和極其深刻的文化危機在近幾十年來顯示出愈益增多的徵兆。」❺❾ 這既是舊的文藝復興時代的終結，又是新的時代到來的端倪。這種端倪特別表現為：「當代各大流派都具有這樣一個特徵：他們內心深感不滿，痛苦地尋找出路，以擺脫人類創作受到的窒息的絕境。」 人類度過了深陷客體化之中而不自覺的漫長歲月，終於覺醒了（這是付出了多大的代價啊！）， 別爾嘉耶夫為此而感到欣慰：「當代最有力和最深刻的方向在於，這個時代徹底領悟了創作的這一危機。」❻⓿

　　在經歷了這麼多的痛苦和折磨以後，人重新面臨選擇，因為人是自由的。以人為宇宙中心的道路已經走不通了。但是這個新的歷史紀元，仍「為人開拓兩條道路。在歷史的頂峰發生的是徹底的二重化。人有自由去那條把自己置於最高的神聖的生活來源統轄之下的道路，並在這一基礎上強健自己個人；人也有自由使自己臣服於另一些非神靈的和非人的而卻凶惡的超人來源，並從而使自己淪為奴隸。」❻❶ 何去何從？人當然不是白白地經歷了那麼多的災難，他已然得到了深刻的教訓：「抱著不信神的人道主義態度，致使人道主義自我否定，人道主義蛻變為反人道主義，自由轉化為強制，近代史就這樣結束了。」而在「新的中世紀，……人應當重新約束自己，以期收攏自己，人應當重新把自己置於至高者的統轄之下，以期不要徹底毀滅自己。」❻❷

---

❺❾　同❷，C. 201。

❻⓿　同❷，C. 211。

❻❶　同❷，C. 218。

別爾嘉耶夫所以把這個新的歷史時期時代稱為「新的中世紀」，除了預示人將重新皈依上帝的家園以外，還有一個重要的含意，就是在新的歷史基礎上復興中世紀的合理因素。他說：「必須按新的方式回到中世紀禁欲主義的某些因素。那種中世紀超驗地經歷過的東西，應當內在地被經歷，人自由地進行自我限制，自由地恪守戒律，堅毅地把自我置於神聖超人的聖地統轄之下，這種功夫可以防止人的創造力徹底衰竭，致使新的創造力積蓄起來，從而使得新的基督教文藝復興成為可能。」❸這樣，人將自由地與神交會，回歸自己的精神家園，擺脫自然與社會的奴役，真正實現自己的自由和個體人格。

新的中世紀將是從塵世歷史向天國歷史的過渡，別爾嘉耶夫滿懷信心地預言：「當今世界進程正在老化，像一個熟透了的果實漲破它的外殼一樣分割著它與另外的世界。……時間的鏈條正在斷開，現實世界封閉的圓環不再存在，別的一些類型的現實的能量正源源不斷地輸入，當今世界的歷史將趨於結束。」❹

三、歷史的意義

總結人類歷史的進程，可以發現歷史深層所包含的意義。對此，別爾嘉耶夫特別看重這樣兩點：

第一，塵世的歷史與天國的歷史之統一性。

別爾嘉耶夫說：「我在談論天國歷史時，把它作為塵世歷史的

❷　同❷，С. 216。
❸　同❷，С. 217。
❹　同❷，С. 246。

序幕，隨後過渡到塵世歷史。我把人類整個命運糾纏不清的悲劇建立在兩種啟示的存在上——神對人的啟示和人對神的回應的啟示。存在之全部悲劇乃是人神之間內在的自由關係的悲劇。……在人類的創造中，在自己的歷史命運中，人回應著神對他所說的話。」但是，人的回應的深層內在含意隱藏在他的自由中。「只有人的自由的啟示，自由的創造能愉悅神，既然它由神提出，就只有它能回應神對人的思念。神等待著人自由創造的果敢精神。但是在人類歷史命運中，在具體的人類歷史中，常常發生無法選擇自由之路而走上強制和必然之路的情況。……人類在自己的歷史旅途中往往屈從於誘惑，摒棄自由之路而代之強制之路。」❻❺人類只有經過悲劇性的塵世歷史才能重新得到自由，進而選擇與神交會之路，終結塵世歷史，再次進入天國歷史。

別爾嘉耶夫關於歷史此種意義的觀點是非常新穎而極富自由精神的，與傳統的基督教神學的歷史觀不同，他不是把塵世的歷史看作絕對的黑暗、天國的絕對對立物而加以拋棄和否定，也不是把它作為人類始祖的偶然失足的惡果，而是從基督教人本學的神人觀及人的精神自由之特點出發，把歷史當作人類自由選擇的過程，當作神的自由與人的自由之相互關係的過程，甚至當作光明與黑暗、神性和魔性、善和惡相互鬥爭的過程。在這裏，別爾嘉耶夫考慮到人類歷史的全部複雜性，努力對這種曲折複雜而具悲劇性的過程作出基督教人本學的解釋。儘管這種解釋不可避免地包含著神秘性，但其中的確包含著不少合理的內容，比如對人的客體化的揭露，對文藝復興的評價，對中世紀的評價，對於人道主義之轉化為反人道主義的分析，對現代政治、科技、文學、藝術的分析，等等，都是

---

❻❺　同❷，C. 243。

發人深省的。

第二，「歷史乃是通往另一世界的道路。」 ⑥

別爾嘉耶夫認為，塵世的歷史證明它只是一個暫時的階段，它不能解決人的使命問題，不能實現人的理想，它只是通向理想世界的通道。幾乎每一代的人都提出非常完滿的理想，並在塵世努力奮鬥，力圖實現這些理想，但是，他們的希望都沒能實現，他們反而得到受奴役的下場。事實證明，「在歷史內部不可能出現某種絕對完善的狀態」，「在所有時間裏解決所有歷史任務的一切嘗試都是不成功的。」「如果從整體上把握歷史過程，那麼這一過程的整個失敗將使人們驚詫。」 ⑥ 所以如此，乃在於人們的這些完滿的理想是天國，是永恆的幸福，是絕對的善（比如共產主義所描繪的未來），這些不是暫時性、相對性的塵世歷史所能實現的。塵世的歷史處於過去 — 現在 — 未來的時間之中，它如何能實現永恆狀態呢？ 所以，人的理想只有在歷史之外，在天國中才能實現。

但是，這並非意味著塵世的歷史毫無意義，它的意義就在於它是通向天國歷史之路，通向永恆之路。命運決定人必須經過塵世歷史以後才能進入天國，塵世歷史啟示著人，也引導著人，使人終究領悟了與神一致的自由，從而回歸神的王國。但是，當人走到這一步時，塵世的歷史也就終結了。

別爾嘉耶夫認為，如果說塵世歷史有什麼「進步」意義的話，那麼就是指它是通向另一世界的必經之路，就是指它「對這一終極目的依存之意義」 ⑥ 。這與許多歷史學家所主張的歷史進步說截然

⑥　同❷，C. 236。

⑥　同❷，C. 237。

⑥　同❷，C. 222。

不同。那種學說「對時間問題，對過去、現在和未來，採取虛妄的態度，……憑藉現在和過去把未來神化」，「把人類的每一代，每一個人,把歷史的每一時代轉變為實現最終目的——未來人類的完善、強大和幸福——的一種手段和工具。」❻❾為了未來，過去和現在應該受苦受難。這種學說「對未來抱著無限的樂觀主義」，「對過去則抱著無限的悲觀主義」，「把人類的一切命運都置於將登上進步頂峰的那一代人的某種彌賽亞盛宴的擺佈之下。」❼⓿這種觀念從理論上和事實上都毫無根據，流於虛幻。未來不能吞噬過去，未來的人們也不是過去和現在的人們的吸血鬼。指望未來的人們實現人間天堂、人間極樂世界，也是一種烏托邦的幻想，因為人類無法在歷史的時間內實現永恆。別爾嘉耶夫以基督教的末日論與此學說對立，申明：「基督教指望……塵世歷史以擺脫歷史悲劇、清除一切歷史矛盾的結局告終，而人類的世世代代都將參加這一結局，在任何時候生存過的人都將為了永生而復活。」❼❶

---

❻❾ 同❷，C. 225。

❼⓿ 同❷，C. 226。

❼❶ 同❷，C. 227。

第十章 俄羅斯文化研究

除了宗教哲學外，別爾嘉耶夫最重要的貢獻當數其對俄羅斯文化的研究。《俄羅斯思想》、《俄羅斯的命運》、《俄國共產主義的根源與涵義》、《俄羅斯人的宗教心理與共產主義無神論》、《陀思妥耶夫斯基的世界觀》等一批著作對俄羅斯的文化進行了非常全面的探討，提出許多新穎而發人深省的看法，是他留給後人的一份珍貴遺產。由於篇幅有限，本書只能涉及他的俄羅斯文化研究的幾個重要方面。

一、俄羅斯民族在精神上的特點

在長期的歷史發展中，俄羅斯民族創造了燦爛的文化，這些文化顯明地體現了俄羅斯民族的獨特的精神，瞭解這種精神，對理解其獨特的文化異常重要。對此，別爾嘉耶夫進行了深入的探討。他指出俄羅斯民族精神的最大特點就是它的「矛盾性」、「極化性」(Поляризованность)，即對立面的融合。這個民族，可能使人神魂顛倒，也可能使人大失所望；它最能激起對其熱烈的愛，也極易引起對其強烈的恨。這是一個因其挑釁性而使西方其他民族不安的

民族。這個民族的每一個個體都是該民族的一個微粒，因此也像這個民族一樣在自身中包含著矛盾。人們在俄羅斯人身上可以發現這些矛盾的特徵：專制主義、國家至上和無政府主義、自由放縱；殘忍、傾向暴力和善良、人道、柔順；嚴守宗教儀式和不顧一切地追求真理；個人主義、強烈的個人意識和無個性的集體主義；民族主義、自吹自擂和普濟主義❶、全人類性；對世界末日──彌賽亞說的宗教信仰和表面的、虛偽的虔誠；追隨上帝和戰鬥的無神論；謙遜恭順和放肆無理；奴隸主義和造反行動。總之，「俄羅斯民族在精神上只有就極化性和矛盾性能與歐洲其他民族相比。」❷

俄羅斯民族何以具有這樣複雜的極化性與矛盾性呢？別爾嘉耶夫從多方面來探索這個問題。

首先,這種極化性與矛盾性源於俄羅斯人最基本的心理因素,這些因素成為俄羅斯人精神結構的基礎，這是俄羅斯民族精神特徵的內在根據。別爾嘉耶夫認為，俄羅斯人精神結構的基礎中存在著兩種對立的因素：一方面是自由的、放縱的、狄奧尼索斯（酒神）的自然力量，另一方面是虔誠的、柔順的、禁慾主義的東正教傳統。二者皆對俄羅斯民族精神的形成起著巨大的作用。

其次，俄羅斯民族的極化性與矛盾性與俄國的地理條件有著密切的關係。這表現在兩個方面。

---

❶ 普濟主義：主張所有人的靈魂（包括已下地獄者）最終皆將得到救贖的基督教神學學說。

❷ 別爾嘉耶夫：《俄羅斯思想》，雷永生、邱守娟譯，上海三聯書店，1996，第2頁。

1. 俄國處於東西方的交接處。

　　這種特殊的地理位置使「東方與西方兩股世界之流在俄羅斯發生碰撞，俄羅斯處在二者的相互作用之中。俄羅斯民族不是純粹的歐洲民族，也不是純粹的亞洲民族。俄羅斯是整個世界的一個完整部分，是一個巨大的東一西方統一體，它將東方與西方兩個世界結合在一起」。　這對俄羅斯民族特徵的形成很有影響，因為「在俄羅斯精神中，東方與西方兩種因素永遠在相互角力」❸。

2. 廣袤的國土培育了俄羅斯民族的特殊性格

　　別爾嘉耶夫論述道：「俄羅斯土地的廣袤無垠、遼闊廣大與俄羅斯精神是相適應的，物理的地理與精神的地理是相適應的。」❹正如俄羅斯的大平原一樣，俄羅斯民族的精神也是廣袤無垠、無邊無際、趨向於無限的。俄羅斯人很難把握如此廣闊空間並使其定型，因而在精神上趨於多向性而很難集中於一個方向。俄羅斯民族有著巨大的自然力量，並且嗜愛形式。俄羅斯人比西方人更為直爽，更加富有靈感，不懂方法而好走極端。在西歐的民族中，對所有事物都喜歡用決定論去說明，而且最終都把它們歸於各種類別之中。而在俄羅斯民族這裏，主張決定論的很少，人們更多地傾向於無限性，傾向於用多種因素相互作用來說明事物。同時很少有人對於分類、劃層次感興趣。綜合以上情況，就可以瞭解：為什麼這個民族在精神上能夠包容不同的甚至對立的東西。

　　再次，俄羅斯民族在精神上的極化性與矛盾性和俄國的歷史也

---

❸　同❷，第2頁。

❹　同❸。

有著密切的關係。

別爾嘉耶夫指出，「俄羅斯民族的歷史是世界上最痛苦的歷史
之一：同韃靼人入侵和反抗韃靼壓迫的鬥爭；國家權力的不斷膨脹；
莫斯科王朝的極權主義制度；動亂時期的分裂；彼得大帝改革的強
制性；俄國生活中最可怕的潰瘍——農奴法；對知識界的迫害；十
二月黨人的死刑；尼古拉一世奉行的可怕的普魯士軍國主義的士官
生制度；由於恐懼而順從黑暗統治的無知群眾；解決衝突和矛盾的
革命之不可避免，革命之暴力與流血的不可避免；世界歷史上最可
怕的戰爭。」❺這樣痛苦的歷史使俄羅斯人民既仇視惡，又不敢直接
抗惡。「不以暴力抵抗邪惡——這就是俄羅斯的偉大行為」❻。

這樣的歷史壓抑了俄羅斯人的創造力，但也使這個民族成為具
有巨大的潛力的民族。這樣的歷史在俄羅斯人的精神中凝聚成「雙
重信仰」： 東正教的信仰和異端神話、民族詩歌所體現的信仰。一
方面，俄羅斯人屈從於政權，承認宗教的神聖性，他們是害怕上帝
的朝聖者；另一方面俄羅斯人又渴望改變生活，他們的心底裏埋藏
著對統治者的強烈仇恨和不滿。一方面，他們奉公守法，忍受苦難；
另一方面，他們又厭惡管制，偏愛無政府主義。別爾嘉耶夫說：「在
俄羅斯的自發勢力中一直保持著酒神的、狂熱的因素。一個波蘭人
在革命高潮中告訴我，酒神正在通過俄羅斯的大地。俄羅斯的合唱
歌曲和舞蹈的非凡力量也是和酒神的、狂熱的因素相聯繫的。俄羅
斯人喜歡狂飲和圓圈歌舞。」❼這些正是他們的精神結構所決定的。
正由於俄羅斯民族在精神上具有這種極化性和矛盾性，當專制統治

---

❺ 同❷，第5頁。

❻ 同❷，第6頁。

❼ 同❻。

使人民的創造性受壓抑的時候，人民的潛在的反抗便在增強。這就
孕育著俄羅斯民族的分裂，並由之導向革命。不過，按照別爾嘉耶
夫的觀點，俄國的分裂與將要發生的革命，也和俄國的其他事物一
樣，無不包含著矛盾性。只有掌握了俄羅斯民族的這一特性，才能
正確認識俄國大地發生的一切事情。對於俄羅斯民族在世界上的地
位與作用問題也應作如是觀。

　　俄羅斯民族在精神上的極化性和矛盾性，使這一民族對於自己
的地位與命運也產生相互對立的意識。一方面，俄羅斯的痛苦歷史
使它的人民對過去懷有深深的悲觀主義情緒，另一方面，俄羅斯的
特殊地位又使它的人民對未來充滿信心和樂觀主義情緒。幾乎所有
的俄羅斯民族的優秀代表都相信：民族的落後、屈辱、痛苦和災難
將成為過去，俄羅斯民族將有一個光明、輝煌的未來，它不僅要為
自己創造美好的明天，而且肩負拯救世界的歷史重任。別爾嘉耶夫
引證恰達耶夫(Чаадаев, Tschadajew, 1794－1856)的著作來說明這
個問題。恰達耶夫代表俄羅斯民族對於自己的歷史與現狀進行嚴肅
而又悲痛的自我否定，他說：「我們屬於這樣的民族：它不能成為
人類的成員,它的存在僅僅是為了給世界提供某種重要的教訓。」「當
我們注視自己時，可以這樣說：人類的普遍法則對我們是不適用的。
我們在世界上是孤零零的，我們沒有給世界任何東西，也沒有教會
世界任何東西。在人類思想的總體中我們沒有貢獻一個思想，我們
沒有拿出一個像樣的東西來促進人類理智的進步。相反，我們卻由
於人類理智的進步而遭到了懲罰。正因為如此，我們常常曲解這種
進步。」「我們這裏完全沒有內部的發展，自然的進步；我們的任何
思想都被陳舊的東西排擠得無影無蹤。」「我們不是人類大家庭中的
成員，我們既不屬於東方，也不屬於西方。我們既沒有東方的傳統，

也沒有西方的傳統,當我們站在時代之外時,我們就不能被全人類
的世界性教育所觸動。」 那麼,這樣孤獨、落後、悲淒的俄羅斯民
族是否還有希望呢?有的。恰達耶夫認為,如果俄羅斯民族不是夜
郎自大,不是灰心喪氣,而是進行嚴肅而痛苦的自我否定,從而獲
得清醒而切實的自我意識,就有可能創造自己偉大的未來。俄羅斯
民族並非完全沒有力量,只不過在歷史上它的力量不是現實狀態,
而是潛在狀態。這種力量雖然在歷史中缺乏作用,然而它卻為這個
民族之偉大未來提供了可靠的保證。恰達耶夫說,俄羅斯民族並非
全身污穢,實際上「我們具有極大的優勢。這種優勢使我們只去聽
從文明理智和自覺意志的聲音。」「說人們每一秒鐘都在為民族的命
運而擔憂,這可能是誇張。但是,從這種情感深處,的確產生了彼
得大帝的強勁氣質、羅蒙諾索夫的全能智慧和普希金的優美卓絕的
天才。」俄羅斯民族的痛苦將要走到盡頭,接踵而來的將是燦爛的明
天,俄羅斯將要肩負重大的使命,它不屬於東方,也不屬於西方,
因此,它所要解決的問題,所要完成的使命就不是地域性的、片面
的。恰達耶夫說:「我們將要解決社會制度的大部分問題。我們將
會使舊社會產生的大部分思想走到盡頭,我們將回答人類所研究的
最重大的問題。」那時,一個聖靈光照的新時代就會到來。

別爾嘉耶夫非常讚賞恰達耶夫的這些觀點,認為他的思想是
19世紀俄羅斯知識界的共識。這種思想的產生不是偶然的,它是俄
羅斯民族在精神上的特點的體現,是俄羅斯民族中長期存在的「彌
賽亞」思想的繼續。在19世紀30年代末和整個40年代,俄國思想生
活領域出現斯拉夫派和西方派的論戰。儘管二者在對待西方的態度
上尖銳對立,但是就它們所體現的俄羅斯民族之特性來說,卻是共
同的。到了50年代,二者在俄國應走的道路問題上幾乎趨於一致。

即使後來的革命民主主義者如赫爾岑、別林斯基等，也是既為俄羅斯的落後、黑暗痛心疾首，同時又深信俄羅斯民族肩負著偉大的歷史使命。他們認為，俄羅斯是特殊的民族，俄羅斯不應重複西方走過的道路，而應走自己的路，達到世界上最美好的理想境界。別林斯基在那暗無天日的沙皇專制下曾滿懷信心地預言：「我們羨慕我們的孫子和曾孫，他們命定要瞧見1940年的俄國將站在世界文明的前列。」❽對於赫爾岑，別爾嘉耶夫則說：「他在俄國的經濟落後狀態中看到它在解決社會問題上的巨大優勢。」❾這恰恰是俄羅斯民族之精神特徵的體現。

二、俄羅斯人道主義之獨特性

19世紀俄國的哲學思想集中討論的是關於宗教、道德和社會的問題。這意味著，關於人的問題，關於人在社會和歷史中的命運問題，是當時哲學研究的中心問題。

別爾嘉耶夫認為，俄國在19世紀對於人的問題的重視以及對此問題研究的特點，與幾個世紀以來俄羅斯文化傳統密切相關，而這種傳統與西歐的文化傳統差別極大。他說：「俄羅斯沒有體驗過西歐意義上的人道主義，我們這裏沒有出現文藝復興。」❿但是，「如果說俄羅斯沒有西歐文藝復興意義上的人道主義，那麼，人性問題則是它所特有的。這個問題有時可以有條件地稱為人道主義。」⓫這

---

❽ Белинский: *Собранные сочинения*, M. 1956, Tom 12, C. 224.

❾ 同❷，第105頁。

❿ 同❷，第86頁。

⓫ 同❷，第87頁。

樣，就出現了俄羅斯人道主義區別於西方人道主義的第一個特點。

那麼，這種作為俄羅斯文化傳統的人性、作為「俄羅斯固有的特徵」的人性、作為「俄羅斯思想之最高顯現」的人性，究竟包含著怎樣的內容呢？

別爾嘉耶夫指出，它的重要內容就是「人高於所有制原則」，不能為了所有制而犧牲人。這一點決定了俄羅斯的社會道德：「對於喪失了社會地位的人，對於被欺辱與被損害的人的憐憫、同情是俄羅斯人很重要的特徵。俄羅斯知識分子之父拉吉舍夫是極富同情心的。……如果弟兄們在受苦，別林斯基並不希望自己幸福，不希望只有千分之一的人幸福。如果莊稼漢都沒有權利，米海洛夫斯基也不希望自己有權利。全部的俄國民粹主義都起源於憐憫與同情。在19世紀70年代，懺悔的貴族放棄了自己的特權，走到人民中間，為他們服務，並與他們匯合在一起。俄羅斯的天才、富有的貴族列·托爾斯泰一生都被自己的特權地位所折磨，他想放棄一切，想平民化，成為莊稼漢。另一位俄羅斯的天才陀思妥耶夫斯基為苦難和對受苦人的憐憫折磨得精神失常。苦難和同情成為他的作品的基本主題。」❷

西歐文藝復興時期出現的人道主義的主要鬥爭矛頭指向宗教和神學。它用理性反對信仰，頌揚人的能力與價值，要求以人作為世界的中心。與此同時，它要求以人們之間的「自由、平等、博愛」去代替對上帝的虛幻的愛。它力圖通過批判宗教達到人的自我確證。

俄羅斯的人道主義則是從對反動、殘酷的農奴制度的抗議中產生的，是從對世界之惡、歷史之惡和文化之惡的不能忍受中誕生的。它要求實現人性。它認為這個世界的政權是惡的，對世界的管理是

❷ 同❷，第87－88頁。

愚蠢的。「應當對世界和人組織另一種管理，在這種管理之下將沒有不可忍受的苦難，人與人將不再是狼，而是兄弟。」**⑬** 它反對世俗的政權，不願接受帝國，但卻希望充滿人性的上帝來實現他們的願望。別爾嘉耶夫說：「俄羅斯人信仰上帝的原初的充滿激情的根據就在這裏。」**⑭**

可見，俄羅斯的人道主義是有神論的人道主義，同時又帶有無政府主義和社會主義的印記。這是與西歐文藝復興時期的人道主義的第一個區別。

由第一個區別引申出二者之間的第二個區別，即西歐的起源於文藝復興時期的人道主義由於是無神論的人道主義，所以必然由對神的否定而達到對人的崇拜，而俄羅斯的人道主義由於是有神論的人道主義，所以不會達到人的崇拜，而是使神滲透著人性。

西歐文藝復興時期的人道主義把鬥爭矛頭指向宗教，它不僅揭露教會的虛偽腐敗，驕奢淫逸，而且控訴上帝的罪行，要上帝對人世間的災難負責。這種傳統延續到18世紀的法國啟蒙學者和19世紀中葉的費爾巴哈(Feuerbach, 1804－1872)那裏，形成了徹底無神論的人道主義。啟蒙學者認定宗教起源於陰謀家的欺騙和愚人的被騙，宣佈上帝是人按照自己的形象製造的。費爾巴哈則進一步論證上帝是人的本質的自我異化，上帝的本質不過是人的本質，上帝的情感、意志和心理不過是人的情感、意志和心理。這種異化使人喪失了自己的本質，因而在虛幻的上帝面前頂禮膜拜。為了使人從重負之下解放出來，不僅要批判教會，而且要批判上帝，使人成為世界之本。費爾巴哈賦予自己的哲學的革命使命就是用理智代替《聖經》、政

---

⑬　同**❷**，第88頁。

⑭　同**⑬**。

治代替宗教、人間代替天國、勞動代替祈禱。他要批倒神學，代之以「人本學」。這樣，西歐的人道主義便由對神的否定達到對人的肯定，從否定神的崇拜達到人的崇拜。在西歐的人道主義看來，通過人的自我確認而達到人的崇拜，這就是人類的理想狀態。費爾巴哈所主張的建立在人與人之間的愛的基礎上的新宗教，就是這種理想狀態。

別爾嘉耶夫認為，從這方面來說，「西歐的人道主義是一個中間的王國，其中沒有顯示最後的、最根本的東西，它不知道世界末日論的問題，也沒有受這個問題的折磨。這個中間王國想使自己永遠穩固。」❶但是，「不可能像西方的人道主義者所希望的那樣，停止在這個中間的文化王國裏。這個王國要瓦解，從而顯露出它的局限性。」❶別爾嘉耶夫這些話的意思是，人不可能從異化狀態到擺脫異化和自我肯定、自我滿足，就再也不前進、不運動了。人的自我崇拜並不是人類社會運動的終點，而只能是一個過渡階段，是從異化狀態到真正的「千年王國」以及「世界末日」的中間階段。所以，它是不可能穩固的，它也要瓦解而走向死亡。

別爾嘉耶夫對西歐的人道主義的評論是從俄羅斯人道主義的立場提出的。儘管19世紀俄羅斯的人道主義者的思想彼此有很大的差別，但是相當多的人都不是把宗教與人道主義對立起來，而是從宗教上思考人道主義的意義。他們認為，基督教教義本來是人道的，但是歷史上的人道主義進程卻不是基督教的進程，不信教的人道主義卻比教會更好地實現了基督教義，而教會和許多信教的基督徒卻沒作什麼改善人類社會的事情。著名的宗教哲學家弗‧索洛維約夫

---

❶　同❷，第90頁。
❶　同❷，第91頁。

曾經指出近代史上不信教的人道主義者努力創造更加人化、更加自由的社會，而信教的基督徒卻相反，他們捍衛和維持以暴力和奴役制為基礎的社會。這完全違背了基督教義，因為基督教的基本思想是上帝人化的思想。所謂上帝人化，也就是神的本質與人的本質相結合，這樣，就不會用神來貶低人，恰恰相反，它要求解放人的能動性、主動性。以往的基督教沒能做到這點，今後則應恢復基督教義的本來面貌。

　　別爾嘉耶夫指出，這種思想構成俄國宗教哲學的奠基石。從而，人道主義成為上帝人化的宗教的組成部分。在這種宗教裏，世俗的人道主義沒有被消滅，而是被揚棄了。它的合理內容被宗教吸引了。「人道主義儘管在意識中可能是非基督教的，但卻由此獲得了宗教的意義。沒有這種人道主義，基督教的目的反而不能實現。」❼這樣，俄國19世紀的人道主義之主流就是基督教的人道主義，就是由人化了的上帝來保證的人道主義，因此，它也就不可能像西歐的人道主義那樣，以人的崇拜為最高和最後的目的。

　　隨之產生了兩種人道主義的第三個區別。

　　別爾嘉耶夫認為，由於人道主義的辯證法，即人道主義自身的辯證運動，西歐的人道主義便從人的崇拜導致尼采現象，因而人道主義變成了反人道主義。

　　俄羅斯的人道主義則與此不同，儘管在俄國歷史上也出現過類似尼采的思想，但構不成俄羅斯人道主義的主流。儘管它也追求「人的神化」，但卻由於它的根基與西歐的人道主義不同而沒能轉變為反人道主義。

　　別爾嘉耶夫指出，俄羅斯的人道主義是有神論的人道主義，它

❼　同❷，第92頁。

所追求的「人的神化」不是絕對獨立的，而是與「神的人化」相結合的。因而實現「人的神化」的途徑就不是人的自我肯定和自我確認，而是人的本質與神的本質的結合。這樣，它就會避免出現「超人」，即不受任何約束、將他人當作墊腳石的「人神」，而是使人趨向於神所要求的那種道德。別爾嘉耶夫認為，列・托爾斯泰不是西歐的人道主義者，而是俄羅斯的人道主義者。他具有俄羅斯式的人性，他追求人的靈魂的淨化，從之引申出對歷史的非議，對各種暴力的抗議，對樸實的勞動人民的愛。「托爾斯泰是與尼采正相反的人，是尼采在俄羅斯的對立面，正如黑格爾是尼采在德國的對立面一樣。」⓲俄羅斯人道主義的另一位代表瓦・羅扎諾夫(B. Розанов, B. Razanov, 1856—1919)⓳認為，西方的民族雖然比俄羅斯民族具有更大的歷史熱情，但是，它們那種對歷史上的傑出人物愛得發狂的勁頭，恰恰表明大多數人被當成了歷史過程的工具。他激憤地問道：何時人才能表現為目的？他宣稱，只有在宗教裏才反映出人的個體的意義。

當然，這並非表明俄國的學者、詩人、作家等等都是俄羅斯的人道主義者。俄國在19世紀也曾出現一些西歐的人道主義者，或者受西歐人道主義強烈影響的人。比如，作家、政治家、文學評論家康・列昂季耶夫(K. Леонтьев, K. Leondiev, 1831—1891)的主張就與大多數俄羅斯人不同。別爾嘉耶夫評論說：「列昂季耶夫是文藝復興式的人物，喜愛繁榮的文化。他認為，人最珍貴的東西是美。從美的角度看，無論是人的苦難，還是殘酷的折磨，都可以容忍。

⓲　同❷，第93頁。

⓳　羅扎諾夫：俄國作家、政治家、哲學家。宣揚宗教的存在主義，主張家庭至上、性至上。

他宣揚價值的道德、美的價值、文化的繁榮、國家的富強，並將這些和奠基於人的個體至高無上及對人的同情的道德對立起來。他並不是一個殘忍的人，他是從人的最高價值的角度來鼓吹殘酷性的，這完全和尼采一樣。……列昂季耶夫不僅不相信在地上實現真理與正義的王國的可能性，而且他也不希望實現真理與正義的王國。他認為在這種王國裏將沒有美，因為在所有的地方，美都是和最大的不平等、非正義、暴力和殘酷性聯繫在一起的。」「俄羅斯人關於人的兄弟情誼的思想，俄羅斯的人性也與他相背離。」❷

儘管如此，俄羅斯的人道主義仍有自己的根基和特點。從文化傳統來說，它不同於西歐的人道主義。所以，別爾嘉耶夫區別這兩種人道主義主要不是根據持有某種觀點的人之數量多寡，而是根據兩種不同的文化傳統、社會氛圍。

正是根據這樣的分析，別爾嘉耶夫概括地指出了俄羅斯人道主義的一般特徵。他說，「如果存在上帝和『神人』（按：即具有人性的神），　那麼，人類只是偶然地保持了自己的最高價值、自己的自由以及對自然和社會權力的非依賴性。這是俄羅斯思想的主題。」❷更明白地說，由富有人性的上帝來保證人類社會的人道化，這就是俄羅斯人道主義的基本特點。

在分析了俄羅斯的人道主義與西歐的人道主義之區別之後，別爾嘉耶夫還考察了這兩種類型的人道主義在俄國的地位及其影響。他的分析表明：儘管俄羅斯人道主義根植於俄羅斯大地，儘管它符合幾個世紀以來的俄羅斯文化傳統，但它並不一定能夠永遠成為人道主義思潮的主流。在一定的時期，西歐的人道主義也會成為俄國

---

❷　同❷，第93—94頁。

❷　同❷，第96頁。

人道主義思潮的主旋律。但是，俄羅斯自己的傳統的人道主義終究
還會重新回歸。別爾嘉耶夫向我們描述的這種現象，是符合歷史真
實情況的。

三、俄羅斯知識分子的品格

知識分子是一個民族的特殊階層，俄羅斯知識分子更是如此。
在實現俄羅斯民族之歷史任務的進程中，它的知識分子負有特殊的
使命。俄羅斯知識分子的特點及其與民族、人民的關係，自然也就
成為別爾嘉耶夫研究的重要課題。

別爾嘉耶夫認為，與其他民族的知識分子相比，俄羅斯的知識
分子是完全特殊的、只存在於俄羅斯的精神 —— 社會環境之中的群
體。它不是一個社會階級，但具有共同的特點：不切實際，迷戀於
理想，並準備為了自己的理想去坐牢、服苦役、被流放以至被處死。
俄羅斯的知識分子在精神上不是生活在現在，而是生活於未來，有
時則生活於過去，因此，他們感到沒有根基。別爾嘉耶夫說：「在
君主專制制度和農奴制政權之下，他們的政治積極性不可能發揮。
由之導致信奉最極端的社會學說。」[22] 他們感到自由受到歷史的重
壓，便對這種歷史發難。俄羅斯知識分子的另一個重要特點是對思
想、理論、學說的興趣特別濃厚。「俄羅斯是那樣的傾慕黑格爾、謝
林、聖西門、傅立葉、費爾巴哈、馬克思，即使在這些思想家自己
的祖國他們也沒得到過這樣的殊榮。」[23] 不過，俄羅斯對他們的傾慕
帶有宗教的性質，俄羅斯人不是懷疑主義者，而是教條主義者，不

---

[22] 同❷，第24頁。

[23] 同❷，第25頁。

懂得相對的東西。達爾文主義在西方只是生物學的命題，而在俄羅斯知識分子這裏則獲得了教條的性質，彷彿它講的是關於拯救永恆的生命問題。別爾嘉耶夫指出，「在俄羅斯，一切都按照正統還是異端來進行評價。對黑格爾的傾慕帶有宗教迷戀的性質，甚至希望從黑格爾哲學中找出解決東正教的命運問題的答案。人們甚至相信，傅立葉的『法郎吉』已經接近於上帝的王國。」❷

　　由於俄羅斯知識分子具有上述這些特點，所以他們無法忍受俄國專制制度下的黑暗，他們志在未來，嚮往著更加美好、公道、自由的生活。他們在整個19世紀都與帝國、與專制的政權處於尖銳衝突之中。由於這種衝突，在19世紀後半葉，俄羅斯終於形成了知識分子的左翼。這個知識分子左翼具有宗教僧團的性質，它體現著俄羅斯精神的深刻的東正教基礎，即超越罪惡的世界、禁欲主義、忍受苦難和勇於獻身。左翼知識分子無法忍受罪惡的現實世界，將自己與其嚴格分開。他們追求的不是隱居遁世，而是潔身自好，努力創造美好的現實。

　　由於俄羅斯知識分子的特點，也就決定了他們的社會作用，以及他們與沙皇政權的關係、他們與人民的關係。

　　俄羅斯知識分子雖然來自不同的社會階層（最初貴族出身的知識分子居多，後來則出現大量的平民出身的知識分子），但他們大多同情受專制制度和農奴制度壓迫的人民群眾，特別痛恨農奴制。他們覺得有負於人民，強烈地希望為人民服務，而他們所說的人民主要指農奴、貧苦農民。許多貴族出身的知識分子有強烈的負罪感，真誠地進行懺悔。他們自願放棄自己的貴族稱號、特權和財產，過著平民的生活，願意和人民打成一片。（這在世界上是一種極為特

❷　同❷。

殊的現象，在英、法、德這些西方國家從來沒有出現過。） 被別爾
嘉耶夫譽為「俄羅斯革命知識分子的始祖」的拉吉舍夫在《從彼得
堡到莫斯科旅行記》中說:「看看我的周圍 —— 我的靈魂由於人類的
苦難而受傷。」 他宣稱，儘管他熱愛俄羅斯祖國，但是他看重的主
要不是國家的利益，而是人民的利益。

　　然而，在19世紀，由於俄羅斯在經濟、政治、文化上的極端落
後，它的知識分子並不能被人民理解。別爾嘉耶夫指出，「知識分
子在帝國與人民之間處於悲劇地位，他以人民的名義反對帝國。然
而19世紀的俄羅斯是一個巨大的莊稼漢的王國，它被農奴制政權所
束縛。這裏存在著以專制君主沙皇為首的政權，它的統治不僅依賴
於軍事力量，而且依賴於人民的宗教信仰。」[25]。這樣，「知識分子
便受到兩種力量的壓迫:沙皇政權的力量和人民自發的力量。後者
對知識分子來說是一種隱密的力量。」 知識分子同情人民，希望拯
救人民，但又不瞭解人民。他們的鬥爭脫離了人民，人民也不理解
他們。因此，當19世紀後半葉知識分子從事革命的時候，「人民沉
默著，他們等待能夠自己講話的時刻，當這個時刻來臨時，人民則
從革命方面排擠知識分子。」[26]

　　儘管如此，俄羅斯知識分子仍在不斷地鬥爭、探索，他們一直
相信俄羅斯民族負有重大的歷史使命，它不僅要拯救自己，而且要
拯救世界。19世紀後半葉以來，俄羅斯的知識分子一方面受到西方
文化的強烈影響，另一方面又看到西方資本主義國家出現的諸多問
題，因此並不把資本主義當作自己追求的理想王國。他們努力尋找
一條俄羅斯的特殊道路，即既能擺脫封建專制制度的罪惡、貧困和

---

[25]　同[2]，第27頁。

[26]　同[2]，第28頁。

落後，又能避免資本主義的不道德和醜惡的特殊道路。這成了俄羅斯幾代知識分子為之奮鬥的理想。

　　別爾嘉耶夫對於俄羅斯民族及其知識分子的特點的分析是深刻的，具有啟發性的。他首先對俄羅斯民族中出現的大量現象進行歷史的和哲學的概括，然後深入探討這種現象產生的諸種原因。這種探討是多方位的，政治的、哲學的、歷史的、文學的、宗教的、民俗的因素都沒有被忽略。由於別爾嘉耶夫具有淵博的學識和極高的抽象能力，所以，他不僅提出了許多入木三分的見解，而且理論推論與大量資料渾然一體，使他的分析有血有肉，無比豐滿。

結 束 語

　　赫克(Julius F. Hecker, 1881—?)❶教授在其論述俄國東正教變遷的重要著作《俄羅斯的宗教》中曾說，蘇俄革命後流亡西歐和美國的俄羅斯知識分子「不再靠隔絕的人民的歡樂和悲哀生活，也不能把自己勞動的果實獻給人民，知識分子階層離開本土流亡國外是其悲劇的頂點。」不過，「這些老知識分子遲早將會回來，或者至少他們的著作將會傳入新一代的手中。但是新一代能夠理解他們，賞識他們嗎? 誰能說得上來?」❷

　　從20世紀70年代起，赫克預言實現了。這些流亡的老知識分子包括別爾嘉耶夫的著作重新被自己的祖國接納。全世界都看到了他們被新一代的理解和賞識的程度，他們被承認為俄羅斯自己的哲學家，只有他們才真正繼承了俄羅斯的文化傳統。俄羅斯人是否要在別爾嘉耶夫等的思想基礎上繼續創造俄羅斯獨特的哲學呢? 我們也許還說不上來，但是，至少現在對他們已經有了一個公正的評價。

---

❶　赫克：生於聖得堡，曾在美國受大學教育，獲政治學博士、神學博士學位，後曾任莫斯科神學院社會學及倫理學教授。

❷　赫克：《俄羅斯的宗教》，高驊譯，香港，1994，第188頁。

別爾嘉耶夫年表

1874年3月6日	尼古拉‧阿列克賽洛維奇‧別爾嘉耶夫生於基輔。
1884年	進入基輔武備學校學習。
1894年	中斷武備學校的學習,考入基輔聖弗拉基米爾大學自然科學系。
1898年	因參加「解放聯盟」和大規模的民主示威活動而被捕。
1899年	第一篇論文〈郎格及其對社會主義的批判哲學〉在考茨基主編的《新時代》雜誌上發表。
1900—1902年	被沙皇政府流放沃洛格達。
1901年	第一部著作《社會哲學中的主觀主義和個人主義》出版。在《唯心主義問題》(文集)上發表兩篇論文:〈為唯心主義而鬥爭〉和〈從哲學唯心主義觀點看倫理學問題〉。
1904年	與莉季婭結婚。參加梅列日科夫斯基在彼得堡組織的《新路》雜誌的編輯工作。
1905—1906年	參加《生活問題》雜誌的編輯工作。
1907年	《在永恆的光輝下 —— 哲學、社會、文學論文集》(1900—1906)出版。《新的宗教意識與社會生活》

出版。

1907—1908年　　到巴黎遊歷。

1908—1911年　　自巴黎回國後，接近「道路」出版社周圍的哲學
　　　　　　　　　　家團體（其中有拉琴斯基、特魯別茨科依、埃恩、
　　　　　　　　　　布爾加科夫、弗洛連斯基等），並積極參與組織
　　　　　　　　　　為紀念 B. 索洛維約夫而建立的宗教 —— 哲學協
　　　　　　　　　　會。

1909年　　　　　在《路標》文集上發表〈哲學的真理和知識分子
　　　　　　　　　　的真話〉。

1911年　　　　　《自由的哲學》出版。

1912—1913年　　去義大利遊歷。

1914年　　　　　完成《創造的意義》書稿。

1916年　　　　　《創造的意義》出版。發表〈精神的摧殘者〉一
　　　　　　　　　　文，因此被判永遠流放西伯利亞。由於戰爭與革
　　　　　　　　　　命，判決一直沒能執行。

1918年　　　　　開始寫作《不平等的哲學 —— 關於社會哲學致論
　　　　　　　　　　敵的信》。創建「自由的精神文化科學院」，圍繞
　　　　　　　　　　哲學、宗教、文化舉辦各種報告會、討論會。

1920年　　　　　被莫斯科大學歷史 — 哲學系選舉為教授。

1921年　　　　　被誤認涉嫌「策略中心」案而被逮捕，旋即釋放。

1922年夏　　　　再次被捕，被流放國外。

1922—1923年　　旅居柏林。結識施本格勒、舍勒等人。創建宗教
　　　　　　　　　　哲學學院。

1923年　　　　　《不平等的哲學。關於社會哲學致論敵的信》和
　　　　　　　　　　《歷史的涵義》二書在柏林出版。《陀思妥耶夫

斯基的世界觀》一書在布拉格出版。

1924年	《新的中世紀》在柏林出版。遷居巴黎，宗教哲學學院亦同時遷往巴黎。
1924—1948年	一直居住在巴黎。在巴黎期間，結識馬利丹、馬賽爾、胡塞爾、海德格爾、哈特曼等人，並發起、組織召開了一系列國際宗教和哲學會議，參加在其他國家舉辦的國際會議；應邀赴英國、德國、奧地利、瑞士、比利時、匈牙利、捷克、波蘭、拉脫維亞、愛沙尼亞等國作學術演講。
1926年	在巴黎創辦《道路》雜誌（該雜誌存在了14年）。
1927年	《自由精神的哲學》出版。
1929年	《馬克思主義與宗教》出版。
1931年	《俄羅斯人的宗教心理與共產主義無神論》、《論人的使命》和《基督教與階級鬥爭》出版。在《道路》雜誌第10期上發表重要文章：〈共產主義的真理與謊言〉。
1932年	在《道路》雜誌第34期上發表文章：〈蘇聯哲學的總路線和戰鬥的無神論〉。
1934年	《現代世界中人的命運》和《我和客體世界》出版。
1937年	《俄國共產主義的起源與涵義》和《精神與現實》出版。
1939年	《人的奴役與自由》出版。
1940年6月	為躲避德國侵略軍而從巴黎到阿爾卡雄。
1940年10月	返回巴黎。

1945年9月　　莉季婭逝世。《神的和人的存在主義辯證法》出版。

1946年　　　《俄羅斯思想——19世紀到20世紀初俄羅斯思想的基本問題》出版。

1947年　　　《末世論的形而上學體驗》出版。

1947年春　　劍橋大學授予名譽神學博士學位。被提名為諾貝爾獎候選人。

1948年3月23日　在巴黎逝世。

1949年　　　別爾嘉耶夫的自傳——《自我認識》出版。

參考書目

一、別爾嘉耶夫原著

Философскоя истина и интеллигентская правда. 《Вехn》.
  Москва. 1909。

Философия свободы. Москва. 1989。

Смысл творчества. Москва. 1989。

Значениее свободы. Париж. 1929。

Смысл истории. Париж. 1969。

Миросозецание Достоевскаго. Прага. 1923。

Марксизм и религия. Париж. 1929。

Истока и смысл русского коммунизма. Париж. 1955。

Русская идея. Париж. 1946。

Самосознание. Париж. 1983。

О руссии и руской философской культуре. Москва. 1990。

《人的奴役與自由》，徐黎明譯，貴州人民出版社，1994。

《俄羅斯思想》，雷永生、邱守娟譯，三聯書店，1995。

《自我認識》，雷永生譯，上海三聯書店，1997。

二、研究論著

Академия Наук СССР Институт Философии:
Религиозно- идеалистическая философия В Руссии хдх-начала
xx века. Москва. 1989。

Б. В. Емелбянов, А. Н. Новиков: *Н. Бердяев о русской*
философии. Ураль. 1991。

А. Вадимов: *Жизнь Бердяева.* Oaklaid. 1993。

С. А. Девицкий: *Очерки по истории русской философской и*
обшественной мысли. Посев. 1981。

Н. П. Полторацкий: *Русская религиозно—философская мысль*
xx века. Питтсбург. 1975。

Г. Флоровский: *Пути русского богословия.* Париж. 1937。

洛斯基:《東正教神學導論》, 楊德友譯, 香港, 1997。

布爾加科夫:《東正教》, 董友譯, 香港, 1996。

舍斯托夫:《在約伯的天平上》, 董友譯, 三聯書店, 1995。

索 引

一、主要概念術語索引

二　劃

三　劃

上帝　30, 35, 36, 42, 43, 47, 49, 72, 73, 74, 76, 77, 78, 79, 80, 81, 84, 85, 86, 87, 88, 90, 91, 92, 93, 94, 96, 97, 98, 99, 100, 101, 102, 108, 109, 111, 112, 113, 114, 115, 116, 117, 118, 122, 123, 124, 126, 134, 135, 142, 143, 144, 146, 147, 149, 150, 153, 157, 158, 159, 160, 161, 162, 163, 164, 166, 167, 168, 177, 182, 184, 188, 189, 191, 193, 195

四　劃

文化　2, 3, 4, 15, 16, 20, 22, 25, 26, 27, 28, 29, 30, 31, 32, 33, 36, 37, 38, 39, 44, 48, 51, 52, 54, 55, 56, 57, 58, 61, 62, 63, 64, 65, 66, 68, 90, 124, 134, 139, 141, 142, 144, 152, 167, 168, 169, 176, 181, 187, 188, 190, 192, 193, 196

文明　1, 3, 8, 12, 14, 16, 90, 124, 128, 139, 140, 141, 145, 186, 187

互滲　82, 83

不朽派　46

文化復興　6, 25, 27, 28, 32, 34, 36, 37, 39, 41, 43, 56

反正教儀式派　46

五　劃

永恆　28, 43, 44, 72, 83, 84, 86, 88, 108, 113, 114, 115, 128, 149, 156, 158, 159, 161, 171, 179, 180, 195

主體性　11, 29, 54, 77, 118, 120, 121, 122, 127, 128, 141, 145

必然性　6, 16, 32, 54, 72, 75, 78, 81, 90, 91, 94, 95, 96, 97, 99, 100,

七　劃

八　劃

九　劃

十三劃

十四劃

對象化　117, 118, 119, 120

福音派　46

實證主義　29, 72, 78, 79

精神革命　12, 13, 18, 33

十五劃

價值　14, 25, 46, 56, 57, 78, 79, 88, 90, 108, 109, 110, 115, 121,
　131, 132, 134, 140, 141, 146, 155, 167, 188, 193

樂觀主義　157, 180, 185

十六劃

歷史　4, 8, 11, 12, 14, 15, 18, 25, 27, 28, 29, 32, 36, 38, 39, 50, 51,
　52, 53, 54, 59, 62, 63, 66, 76, 77, 81, 97, 101, 110, 112, 119, 122,
　128, 132, 133, 135, 137, 138, 139, 144, 151, 152, 153, 154, 155,
　156, 157, 158, 159, 160, 161, 162, 163, 164, 166, 167, 168, 169,
　171, 172, 174, 176, 177, 178, 179, 180, 181, 183, 184, 185, 186,
　187, 188, 190, 191, 192, 194, 196, 197

歷史哲學　15, 66, 151, 152, 153, 154, 155, 157, 158

十八劃

鞭笞派　46

（舊約）聖父意識　76, 77, 78, 80, 81, 91, 93

二、俄文人名索引

З

Зворьзин　茲沃雷金　59

Зовыздер　卓韋捷爾　59

К

Каменев, Л.　加米涅夫　52, 58

Карсавын　卡爾薩文　59

Л

Ленин, В.　列寧　52, 58

Леонтьев, К.　列昂季耶夫　192, 193

Лидия　莉季婭　33, 68

Логвинский, Д.　洛哥文斯基　15

Лосский, Н.　洛斯基　59, 110

М

Мартов, Д.　馬爾托夫　33

Мережковский, Д.　梅列日科夫斯基　33, 34

Михайловский, Н.　米海洛夫斯基　14, 15, 19, 188

Н

Несмелов, М.　涅斯梅洛夫　35, 104

Новоселов, М.　諾沃謝洛夫　44

Новыков　諾維科夫　59

X

Ч

Ш

三、西文人名索引

世界哲學家叢書 (一)

書　　　　　名	作　　　者	出　版　狀　況
孔　　　　　子	韋　政　通	已　　出　　版
孟　　　　　子	黃　俊　傑	已　　出　　版
老　　　　　子	劉　笑　敢	已　　出　　版
莊　　　　　子	吳　光　明	已　　出　　版
墨　　　　　子	王　讚　源	已　　出　　版
韓　　　　　非	李　甦　平	已　　出　　版
淮　　南　　子	李　　　增	已　　出　　版
董　　仲　　舒	韋　政　通	已　　出　　版
揚　　　　　雄	陳　福　濱	已　　出　　版
王　　　　　充	林　麗　雪	已　　出　　版
王　　　　　弼	林　麗　真	已　　出　　版
郭　　　　　象	湯　一　介	排　　印　　中
阮　　　　　籍	辛　　　旗	已　　出　　版
劉　　　　　勰	劉　綱　紀	已　　出　　版
周　　敦　　頤	陳　郁　夫	已　　出　　版
張　　　　　載	黃　秀　璣	已　　出　　版
李　　　　　覯	謝　善　元	已　　出　　版
楊　　　　　簡	鄭　曉　江 李　承　貴	已　　出　　版
王　　安　　石	王　明　蓀	已　　出　　版
程顥、程頤	李　日　章	已　　出　　版
胡　　　　　宏	王　立　新	已　　出　　版
朱　　　　　熹	陳　榮　捷	已　　出　　版
陸　　象　　山	曾　春　海	已　　出　　版
王　　廷　　相	葛　榮　晉	已　　出　　版
王　　陽　　明	秦　家　懿	已　　出　　版

世界哲學家叢書 (二)

書　　　　　　名	作　者	出　版　狀　況
方　　以　　智	劉　君　燦	已　　出　　版
朱　　舜　　水	李　甦　平	已　　出　　版
戴　　　　震	張　立　文	已　　出　　版
竺　　道　　生	陳　沛　然	已　　出　　版
慧　　　　遠	區　結　成	已　　出　　版
僧　　　　肇	李　潤　生	已　　出　　版
吉　　　　藏	楊　惠　南	已　　出　　版
法　　　　藏	方　立　天	已　　出　　版
惠　　　　能	楊　惠　南	已　　出　　版
宗　　　　密	冉　雲　華	已　　出　　版
永　明　延　壽	冉　雲　華	排　　印　　中
湛　　　　然	賴　永　海	已　　出　　版
知　　　　禮	釋　慧　岳	已　　出　　版
嚴　　　　復	王　中　江	已　　出　　版
康　　有　　為	汪　榮　祖	已　　出　　版
章　　太　　炎	姜　義　華	已　　出　　版
熊　　十　　力	景　海　峰	已　　出　　版
梁　　漱　　溟	王　宗　昱	已　　出　　版
殷　　海　　光	章　　　清	已　　出　　版
金　　岳　　霖	胡　　　軍	已　　出　　版
張　　東　　蓀	張　耀　南	已　　出　　版
馮　　友　　蘭	殷　　　鼎	已　　出　　版
湯　　用　　彤	孫　尚　揚	已　　出　　版
賀　　　　麟	張　學　智	已　　出　　版
商　　羯　　羅	江　亦　麗	已　　出　　版

世界哲學家叢書（三）

書　　　　名	作　　者	出　版　狀　況
辨　　　　喜	馬　小　鶴	已　　出　　版
泰　戈　爾	宮　　靜	已　　出　　版
奧羅賓多·高士	朱　明　忠	已　　出　　版
甘　　　　地	馬　小　鶴	已　　出　　版
尼　赫　魯	朱　明　忠	排　　印　　中
拉達克里希南	宮　　靜	已　　出　　版
李　栗　谷	宋　錫　球	已　　出　　版
道　　　　元	傅　偉　勳	已　　出　　版
山　鹿　素　行	劉　梅　琴	已　　出　　版
山　崎　闇　齋	岡　田　武　彥	已　　出　　版
三　宅　尚　齋	海老田輝巳	已　　出　　版
貝　原　益　軒	岡　田　武　彥	已　　出　　版
石　田　梅　岩	李　甦　平	已　　出　　版
楠　本　端　山	岡　田　武　彥	已　　出　　版
吉　田　松　陰	山　口　宗　之	已　　出　　版
中　江　兆　民	畢　小　輝	排　　印　　中
柏　拉　圖	傅　佩　榮	已　　出　　版
亞里斯多德	曾　仰　如	已　　出　　版
伊　壁　鳩　魯	楊　　適	已　　出　　版
柏　羅　丁	趙　敦　華	已　　出　　版
伊本·赫勒敦	馬　小　鶴	已　　出　　版
尼古拉·庫薩	李　秋　零	已　　出　　版
笛　卡　兒	孫　振　青	已　　出　　版
斯　賓　諾　莎	洪　漢　鼎	已　　出　　版
萊　布　尼　茨	陳　修　齋	已　　出　　版

世界哲學家叢書（四）

書　　　　　　名	作　　者	出　版　狀　況
托馬斯・霍布斯	余麗嫦	已　　出　　版
洛　　　　　克	謝啓武	已　　出　　版
巴　　克　　萊	蔡信安	已　　出　　版
休　　　　　謨	李瑞全	已　　出　　版
托馬斯・鋭德	倪培民	已　　出　　版
伏　　爾　　泰	李鳳鳴	已　　出　　版
孟　德　斯　鳩	侯鴻勳	已　　出　　版
費　　希　　特	洪漢鼎	已　　出　　版
謝　　　　　林	鄧安慶	已　　出　　版
叔　　本　　華	鄧安慶	已　　出　　版
祁　　克　　果	陳俊輝	已　　出　　版
彭　　加　　勒	李醒民	已　　出　　版
馬　　　　　赫	李醒民	已　　出　　版
迪　　　　　昂	李醒民	已　　出　　版
恩　　格　　斯	李步樓	已　　出　　版
馬　　克　　思	洪鐮德	已　　出　　版
約　翰　彌　爾	張明貴	已　　出　　版
狄　　爾　　泰	張旺山	已　　出　　版
弗　洛　伊　德	陳小文	已　　出　　版
史　賓　格　勒	商戈令	已　　出　　版
雅　　斯　　培	黃藿	已　　出　　版
胡　　塞　　爾	蔡美麗	已　　出　　版
馬克斯・謝勒	江日新	已　　出　　版
海　　德　　格	項退結	已　　出　　版
高　　達　　美	嚴平	已　　出　　版

世界哲學家叢書（五）

書　　　　　名	作　　者	出　版　狀　況
哈　伯　馬　斯	李　英　明	已　　出　　版
榮　　　　格	劉　耀　中	已　　出　　版
皮　　亞　　傑	杜　麗　燕	已　　出　　版
索　洛　維　約　夫	徐　鳳　林	已　　出　　版
費　奧　多　洛　夫	徐　鳳　林	已　　出　　版
別　爾　嘉　耶　夫	雷　永　生	已　　出　　版
馬　　賽　　爾	陸　達　誠	已　　出　　版
布　拉　德　雷	張　家　龍	已　　出　　版
懷　　特　　海	陳　奎　德	已　　出　　版
愛　因　斯　坦	李　醒　民	已　　出　　版
皮　　爾　　遜	李　醒　民	排　　印　　中
玻　　　　爾	戈　　革	已　　出　　版
弗　　雷　　格	王　　路	已　　出　　版
石　　里　　克	韓　林　合	已　　出　　版
維　根　斯　坦	范　光　棣	已　　出　　版
艾　　耶　　爾	張　家　龍	已　　出　　版
奧　　斯　　丁	劉　福　增	已　　出　　版
史　　陶　　生	謝　仲　明	排　　印　　中
馮　・　賴　特	陳　　波	已　　出　　版
赫　　　　爾	孫　偉　平	排　　印　　中
魯　　一　　士	黃　秀　璣	已　　出　　版
詹　　姆　　士	朱　建　民	已　　出　　版
蒯　　　　因	陳　　波	已　　出　　版
庫　　　　恩	吳　以　義	已　　出　　版
史　蒂　文　森	孫　偉　平	已　　出　　版

世界哲學家叢書（六）

書　　　　　　名	作　　者	出　版　狀　況
洛　　爾　　斯	石　元　康	已　　出　　版
喬　姆　斯　基	韓　林　合	已　　出　　版
馬　克　弗　森	許　國　賢	已　　出　　版
尼　　布　　爾	卓　新　平	已　　出　　版